Agent et conseil éditorial : Isabelle Martin-Bouisset
141 bd Saint-Michel - 75005 Paris
isabelle.martinbouisset@cabinet-imb.fr
www.imb-conseil.fr

Illustrations : François Boucq (p. 22, 40, 70, 88 et 106) et Stéphane Mallarmé, *L'Anglais récréatif ou Boîte pour apprendre l'anglais en jouant seul* (p. 45, 47, 118)
Maquette : Emilie Guillemin

29, boulevard Raspail
75007 Paris – France
ISBN : 979-10-92928-26-6

GUILLAUME DEVRED-SMITH
préfacé par Aaron Sams

ET SI ON APPRENAIT L'ANGLAIS POUR LE PARLER ?

LE MIRACLE DE L'ANGLAIS INVERSÉ

Avec la collaboration de Claudine Le Tourneur d'Ison

ALISIO

SOMMAIRE

It's not about teaching,
it's about learning.

PRÉFACE

Although I speak only English and very little Spanish, and although I know very little about the process of language acquisition, I know one thing: education as we currently know it is struggling to keep up with the rapidly changing world around us. I can only presume that language education is in the same predicament. As I think back to my own experience in learning Spanish as a teenager in school, I remember learning verb conjugation and vocabulary lists, but I never had the opportunity to speak much of the language. Additionally, I never had the opportunity to ever speak with a native Spanish speaker until I moved to Los Angeles, California where the majority of the population now speaks Spanish fluently. At that point in my life I realized how important the practical, and daily, use of a language was to the adequate acquisition of the language. As I grew as an educator, I realized the same was true for all learning in all subject areas. Students must be given the opportunity to apply what they have learned and create with their newly acquired knowledge.

The Flipped learning approach was the change that allowed me to finally allow my students to immerse themselves in the material I was teaching them and to engage in challenging cognitive tasks. Flipping the classroom not only flips the direct instruction into a different time and place from which it is traditionally found, but it also flips the focus of the classroom. Flipping the classroom moves the attention away from the teacher and on to the learner. No longer is the focus on teaching, but on learning. It is one of the simplest ways to turn theory into practice through engaging the students and making more strategic use of class time.

This transition can, however, be frightening to some teachers. But this book will help frightened teachers make this very necessary transition. It is with pleasure that I write this preface to this book because I know that it will help more language teachers make the same transition I made by flipping their classrooms.

Aaron Sams
Flipped Learning Pioneer
Educational Consultant and Speaker
Author of Flip Your Classroom
www.aaronsams.com

Bien que je ne parle que l'anglais et très peu l'espagnol, et malgré mes connaissances limitées dans l'acquisition d'une langue, je suis sûr d'une chose : les formes d'enseignement actuelles ont du mal à s'adapter au monde qui nous entoure et qui évolue si rapidement. Je présume que l'enseignement des langues se trouve confronté à la même situation. En repensant à ma propre expérience d'adolescent dans l'apprentissage de l'espagnol à l'école, je me souviens avoir appris la conjugaison des verbes et des listes de vocabulaire mais je n'ai jamais vraiment eu l'occasion de m'exprimer dans la langue. De plus, je n'avais jamais eu l'occasion de parler à un hispanophone avant d'arriver à Los Angeles en Californie, où la majorité de la population parle désormais espagnol couramment. À ce stade de ma vie, je pris conscience à quel point il était capital de pratiquer une langue au quotidien et que c'était la meilleure façon d'acquérir la langue.

En devenant professeur, je me suis rendu compte que ceci était vrai pour tous types d'enseignements et pour toutes matières. Il est essentiel de donner aux élèves les moyens de mettre en application ce qu'ils ont appris et de leur permettre de développer leur créativité grâce à leurs connaissances récemment acquises.

L'approche de l'enseignement inversé fut le changement qui m'a enfin permis d'offrir à mes élèves de s'imprégner du contenu que je leur enseignais et de s'engager dans des tâches cognitives plus complexes.

Inverser la classe permet non seulement d'inverser les consignes vers un lieu et à un moment différés, mais permet également d'inverser l'angle par lequel les élèves perçoivent les notions. Dans la classe inversée, l'attention se déplace du professeur vers l'élève. Ainsi, la priorité n'est plus l'enseignement mais l'apprentissage.

C'est le meilleur moyen de transformer la théorie en pratique, d'impliquer l'élève et d'optimiser le temps passé en classe. Cette transition peut effrayer certains enseignants mais cet ouvrage leur permettra de faire cette transition, bien nécessaire.

C'est avec plaisir que j'écris la préface de ce livre, car je sais que cela permettra à davantage d'enseignants de langues d'inverser leur classe comme je l'ai fait.

Aaron Sams
Pionnier de l'apprentissage inversé
Consultant en éducation
Conférencier
Auteur de Flip your Classroom

PROLOGUE
«LA REINE LE VEULT»

CE QUI M'A POUSSÉ À ÉCRIRE CE LIVRE

J'ai récemment reçu l'appel d'un jeune homme d'une trentaine d'années, passé par l'un de mes centres pour une évaluation de ses capacités en anglais. Il en est ressorti atterré quand on lui a dit qu'il avait un niveau débutant, alors qu'il avait toujours eu d'excellentes notes au cours de sa scolarité et 19 au bac. Je lui ai expliqué qu'il devait avoir de bonnes connaissances en grammaire et être assez bon à l'écrit, mais qu'on ne lui avait pas appris à parler et donc à communiquer. Des exemples comme celui-ci, je pourrais en citer une multitude et chaque fois, j'ai envie de laisser exploser ma colère ! Comment, avec un enseignement de 800 à 1 000 heures de cours sur l'ensemble d'une scolarité, peut-on parvenir à un niveau aussi médiocre ? Pourquoi en France, l'enseignement des langues a-t-il si peu évolué depuis cent trente ans ?

Ma première révolte date de mon arrivée en France. Après avoir suivi toute ma scolarité à Londres, je suis rentré en seconde dans un lycée de l'agglomération lilloise. Dès le début, les choses se sont gâtées avec un zéro pointé en anglais, car je ne connaissais pas les verbes irréguliers, qu'absolument jamais personne n'apprend par cœur en Angleterre !

Lors de l'examen d'anglais au bac, un de mes camarades anglais s'est entendu dire par le professeur que ce n'était pas parce qu'il était Anglais qu'il savait parler anglais ! Fort de cette information, quand mon tour est venu, j'ai fait croire que j'étais un Français pure souche et que j'avais beaucoup écouté la BBC, afin d'être certain d'obtenir une bonne note.

C'est l'accumulation de situations toutes plus aberrantes les unes que les autres qui m'ont poussé à écrire ce livre. Pour tenter tout d'abord de comprendre comment on en est arrivé là.

Aujourd'hui encore, parmi les épreuves du Brevet des collèges, il n'y a aucune langue hormis le français. C'est stupéfiant !

Autre aberration : les langues sont le premier poste de dépense dans la formation professionnelle ! On recommence de zéro et on refinance tout. Et personne ne réagit. Tout le monde voue une confiance aveugle à l'école publique sans relever l'hérésie du système. Le fait que ce soit des politiques et non des spécialistes qui s'occupent de l'éducation des enfants, renforce les malentendus, complique les réformes et au final ne permet en rien d'améliorer l'apprentissage des langues.

Une autoroute s'ouvrait... Cette carence s'avérait bien sûr une aubaine pour des gens comme moi !

Quand j'ai ouvert mes premiers centres, en 1989, non seulement je n'imaginais pas le succès que rencontrerait mon réseau de centres de formation linguistique, tous niveaux confondus, mais encore moins aurais-je pu imaginer qu'en 2016 on en serait toujours au même stade en matière d'éducation des langues. C'est-à-dire au point mort. J'étais persuadé qu'avec les objectifs ambitieux que l'Éducation nationale s'était enfin fixés pour l'enseignement des langues, la situation s'améliorerait dans les écoles. Or, au fil des années, dans mes centres de formation, nous observons une recrudescence des demandes, autant pour les enfants, les adolescents que pour les adultes. C'est dire l'importance des lacunes laissées par notre système éducatif... En 1999, 27 % de ceux qui inscrivaient leurs enfants dans mes centres étaient professeurs des écoles. Ces mêmes personnes critiquaient, à voix basse (« off »), la défaillance du système.

L'expérience « du terrain » dans mes centres de formation, durant vingt-cinq ans d'enseignement des langues permet d'affirmer qu'il existe des méthodes simples pour que les Français accèdent à une véritable maîtrise des langues étrangères, en particulier l'anglais.

Une première évidence dans ce domaine saute aux yeux de ceux qui pratiquent plusieurs langues : dans l'apprentissage des langues, tout doit se jouer avant l'âge de 12 ans, c'est-à-dire que cela commence à l'école maternelle et se poursuit en primaire.

Or encore aujourd'hui, mettre sur son curriculum vitae dans la rubrique « Langues : niveau Bac » ne veut rien dire, et sonne plutôt comme un aveu d'échec que l'employeur identifie instantanément.

La question de savoir pourquoi l'enseignement des langues au collège et au lycée a peu évolué depuis soixante ans est l'une des questions que je pose en première partie du livre.

Les raisons sont avant tout politiques et, dans une large mesure, restent méconnues.

Récemment, l'insurrection des étudiants après l'épreuve d'anglais au bac 2015 est un exemple flagrant du mauvais niveau des élèves : ils ont demandé l'annulation de l'épreuve écrite, faute d'avoir compris les deux questions à propos du soldat Turner :

- *What are the three concerns about the situation?*
- *How is Turner coping with the situation?*

Un élève de Terminale, Hugo Travers, fait lui-même l'aveu de l'ampleur de leurs lacunes sur Twitter : « La majorité des élèves du bac n'ont pas pu répondre à la question M, car jugée trop difficile, avec des mots que seules les personnes bilingues ou avec un niveau excellent en anglais pouvaient comprendre... » Tout est dit !

INTRODUCTION

MA VISION DE LA PÉDAGOGIE

COMMENT FAIRE POUR QUE LES CHOSES CHANGENT

Bilingue de naissance (français/anglais), j'ai souhaité que mes quatre enfants bénéficient d'une éducation pluriculturelle. En s'appropriant différentes langues, ils seront à même de communiquer dans un monde ouvert en perpétuel changement. Convaincu que le modèle d'apprentissage dispensé dans les écoles françaises ne leur permettrait pas de maîtriser efficacement une ou plusieurs langues étrangères, j'ai décidé de leur proposer, ainsi qu'à mon entourage, mes techniques de l'apprentissage des langues. Selon moi, apprendre une langue doit être naturel et ludique. Une langue se pratique à l'oral, se parle, se vit... avant d'en apprendre les subtilités grammaticales, sémantiques et orthographiques.

C'est sur la base de cette vision et fort de ce principe pédagogique que je créai, en France, de nombreux centres de langues, où la convivialité est au cœur des échanges entre formateurs et apprenants. Dans un premier temps, j'ai fondé, développé et dirigé 50 centres LES PETITS BILINGUES, de 1992 à 2012 à l'intention des enfants. Parallèlement, j'ai créé EXCELANGUES, que je dirige toujours, pour les adultes en formation continue en toutes langues.

Depuis 2014, je développe le réseau LINGUISH, axé sur la pédagogie inversée des langues. Aujourd'hui, plus de 10 000 personnes par an sont formées par le biais de mes marques.

Avec une équipe pédagogique pluridisciplinaire, je travaille depuis 1989 à imaginer et mettre en œuvre des outils et méthodes pour développer et stimuler l'envie et la motivation des apprenants.

Apprendre une langue, c'est vivre une expérience, une découverte agréable et méthodique dans le but de progresser rapidement, atteindre des objectifs où la langue est enseignée pour autre chose qu'elle-même : travail, études, voyages, ouverture aux autres, intégration dans une terre d'émigration ou d'immigration...

Une langue ne se réduit pas à un simple code pour l'échange d'informations, mais constitue le creuset même de l'identité de chacun. L'objectif est d'apprendre une langue pour la parler et en faire quelque chose. « Une langue n'est pas un instrument, mais un milieu de vie, le fil d'or d'une vitalité longue et singulière », a écrit très justement le médialogue Régis Debray. On ne voit pas et on ne pense pas le monde – pas plus que l'on ne crée ou n'invente... – de manière identique à travers le prisme du suédois, celui de l'ourdou ou du chinois.

Aujourd'hui, la formation linguistique est devenue un marché. Et les données de ce marché représentent des enjeux en pleine mutation. Le numérique, les avancées technologiques bouleversent la manière d'apprendre et d'enseigner et offrent la possibilité de créer un formidable « terrain de jeu ». Dans ce registre aussi, les codes de la formation, le processus pédagogique (le « design pédagogique »), son organisation et ses outils sont bousculés. Dans ce nouveau contexte, le rôle du formateur en langues évolue et face à cette révolution, nombreux sont ceux qui ne savent pas comment appréhender ce changement.

Est-ce enfoncer une porte ouverte que de dire combien l'enseignement de l'anglais en France manque cruellement de réflexion et peine à se remettre en cause de manière fondamentale ? La superposition de mini-réformes pédagogiques basées sur la même approche théorique ne cesse d'enliser un processus d'apprentissage qui laisse l'apprenant enfermé dans sa langue maternelle. Pendant des années, à chaque fois qu'un parent se plaignait que *« notre système scolaire n'est pas adapté aux langues »*, je me suis demandé : *« Mais pourquoi ça ne marche pas ? »*

En mars 2010, lors d'un dîner en Australie, un ami me fit la remarque : « *l'anglais est à la base une langue orale et non écrite* ». Il n'est pas anodin que cette conversation se soit déroulée là où les Australiens s'interrogent sur « les » origines de « leur » anglais. Ce point de départ a créé un déclic et m'a permis de faire des recherches pour expliquer comment il est possible qu'une langue démarre à l'oral, tant historiquement que dans son enseignement. Je me suis intéressé de plus près à la construction de la langue et à ses origines pour mieux rendre compte que l'anglais est une langue « facile » à acquérir mais difficile à maîtriser.

Dans cette incursion pour remonter jusqu'aux origines, j'ai découvert une histoire passionnante qui fait l'objet de mon **premier chapitre**. Puisque les racines de cette langue sont **orales, commençons son apprentissage à l'oral !** Ces recherches m'ont aussi permis d'entrevoir les raisons pour lesquelles Jules Ferry n'était pas partisan de l'apprentissage des langues à l'école ; pourquoi l'allemand et/ou l'anglais étaient les deux seules proposées en 6e ; pourquoi l'utilisation du numérique au service des langues tardait à voir le jour. C'est l'objet du **chapitre 2**. Face à ces zones d'ombre et fort d'une expérience riche d'exemples à contre-courant de la pensée dominante en matière de formation linguistique, j'ai souhaité apporter ma contribution au débat. Mes propositions pour réinventer l'éducation des langues malgré les retards accumulés dans les écoles françaises, prendre le train d'une révolution numérique en marche dans le reste du monde figurent aux **chapitres 3 et 4**.

Ce livre, je l'espère, permettra au lecteur de saisir comment l'anglais s'est construit, pourquoi il est si mal maîtrisé en France et surtout, **comment faire pour changer les choses. Le chapitre 5** sur la pédagogie inversée permettra à cet égard de changer de perspective pour retrouver les clés d'une langue universelle incontournable aujourd'hui.

« Un homme qui parle trois langues est trilingue, un homme qui parle deux langues est bilingue. Un homme qui parle une langue est anglais. »

Claude Gagnière

CHAPITRE 1

UNE BRÈVE HISTOIRE DE LA LANGUE ANGLAISE

LES RACINES ET L'HÉRITAGE D'UN PARLER ANGLO-SAXON

Entre les VIIIe et VIe siècles avant notre ère, les îles britanniques sont le territoire de tribus celtes. Leur langue, le celtique, est différente d'une tribu à l'autre. Au Ier siècle avant J.-C., les Romains s'approprient le sud de l'île qu'ils baptisent « Britannia », sans jamais parvenir au nord. Si, dans les villes et surtout chez les élites, le latin trouve un terrain favorable, le reste de la population principalement rurale continue de s'exprimer en celtique. Au IVe siècle, les premières incursions germaniques contraignent les Romains à quitter l'île, en 407. Ces envahisseurs venus du nord-est de l'Europe, c'est-à-dire les Angles, les Saxons, les Frisons, les Jutes et même les Francs, bien que d'origines diverses, sont tous issus d'une même civilisation. Ils s'identifient indifféremment comme des Angles ou des Saxons, ce qui donnera le terme Anglo-Saxons. Installés dans le nord de l'Angleterre, ils imposent leurs langues issues du germanique dont la graphie repose sur des signes et des traits qu'ils gravent dans le bois ou la pierre. C'est l'alphabet runique, opposé au latin qui, sous forme manuscrite, s'écrit en lettres arrondies. Le Rune se gravait sur du bois avec des traits obliques et/ou verticaux et ne s'écrivait que par mots isolés pour relater des faits de combats et de chasses.

En 850, les Danois, aussi nommés Vikings, envahissent tout le nord-est de l'Angleterre. Ils imposent leurs coutumes et leur langue en détruisant tout sur leur passage jusqu'aux bibles des monastères, éliminant de cette manière le peu qui commençait à se structurer au niveau de la langue. Londres et Canterbury sont épargnés de l'invasion grâce à la vigilance du roi Alfred le Grand, fervent protecteur de la langue anglaise. Il avait imposé aux prêtres d'écrire en anglais à la place du latin. Avant l'arrivée des Français, l'Angleterre est donc au nord sous l'influence des Germains et dirigée au sud par le roi Alfred qui défend l'anglais contre vents et marées.

Les Danois ont sans doute apporté l'accent anglais qui persiste aujourd'hui encore dans le nord du pays. Ce sont eux qui ont ajouté des suffixes aux mots et les ont donc rendus plus précis. L'ajout de « ing » en est un des exemples les plus vivants. Mais à l'inverse, sous leur règne, la culture écrite n'a pas du tout évolué pendant cent ans.

LES IDÉES REÇUES SUR LE « *OLD ENGLISH* »

Les successeurs du roi Alfred parviennent progressivement à chasser les Vikings qui ressurgissent au Xe siècle. De 1017 à 1035, le roi danois Knut le Grand règne sur toute l'Angleterre. Il accepte la culture et la civilisation anglo-saxonne avant la reprise en main du pays par Guillaume le Conquérant.

De 490 à 1066, s'établit une cohabitation entre le latin pour une minorité cultivée et la langue orale du peuple. Cette implantation du latin est arrivée avec les religieux qui se sont installés dans le pays en apportant leurs écrits. Apparaît alors et se développe une culture du livre. La population rurale n'ayant pas accès au latin, le *Old English* est bien la langue de la terre et du peuple non éduqué, une langue non structurée, non écrite. Quand certains la rédigent, c'est pour raconter des histoires sur les marchés ou pour conter, sous forme de saynètes, des passages de la Bible, la religion et l'accès aux églises étant alors réservés à une élite. L'anglais s'affirme d'emblée comme une langue orale, parfaite pour déclamer à haute voix car très sonore, très musicale, comportant une large gamme d'intonations.

En 1066, le Normand Guillaume le Conquérant annexe la Terre des Angles, l'Angleterre, et instaure le français normand, d'origine latine, comme langue de référence, avec sa complexité, sa grammaire, ses textes. Cette langue demeure celle des immigrants lettrés – juristes, magistrats, copistes, etc. – et des hommes d'Église. Le français devient la langue de l'administration, de la loi, de la justice. D'ailleurs, les riches familles étrangères envoient leurs enfants étudier en France. Un moine historien de l'abbaye de Malmesbury, dans le Wiltshire, connu pour avoir écrit une chronique de la langue anglaise de 449 à 1127, témoigne du mépris des conquérants normands à l'égard de la langue anglaise parlée par les Saxons : *« Ils détestaient tant cet idiome des Anglais qu'ils traitèrent en langue française des lois sur les terres et les statuts des rois d'Angleterre ; l'habitude même d'écrire l'anglais se perdit et le français fut admis dans toutes les chartes et dans tous les livres. »* Les gens du peuple et des campagnes ont continué à utiliser leurs dialectes anglo-saxons. Les premiers véritables éléments constituant de la culture anglaise sont venus par Guillaume le Conquérant. Les langues française et anglaise s'étaient déjà rencontrées avant 1066, date de la bataille d'Hastings et de l'invasion normande. Le normand s'imposait alors comme la langue des nobles, l'anglais celle des gens de la terre. Les mots français ont eu une très forte influence. Les Français ont apporté des segments entiers de mots, par exemple tout ce qui touche à la nourriture, à la justice, à l'administration. À cette époque, le français et le normand tout particulièrement, étaient beaucoup plus précis. La langue normande avait elle aussi été influencée par l'homme du nord (North Man = Normand). En France, on parlait alors des dialectes régionaux, le flamand, l'alsacien, le lorrain, le provençal, le breton, le catalan, le basque, les langues d'oc et les langues d'oïl.

Au cours des siècles suivants, la vieille langue germanique du peuple anglais, le vieil anglais, s'est mélangée avec la langue française parlée par les nobles et l'élite pour produire une nouvelle langue, l'anglais. Une langue assez particulière puisqu'elle s'est formée d'éléments venus de deux familles de langues différentes : en partie germanique, notamment par sa grammaire et ses structures, en partie romane par l'essentiel de son vocabulaire. Les langues celtes ont largement échappé à ce processus, et sont restées vivaces en Cornouailles et dans l'ouest des îles Britanniques. La langue anglaise a donc un pied dans chacun des deux camps linguistiques principaux de l'Europe de l'Ouest. Et les populations des contrées peuvent retrouver dans la langue anglaise des éléments qui leur sont familiers.

ÉMERGENCE D'UNE MIDDLE CLASS UNE LANGUE QUI S'EST CONSTRUITE À PARTIR DE L'EXPRESSION ORALE

Aux XIIe et XIIIe siècles, l'anglais écrit est inexistant puisque tout est rédigé en français. Le latin est la deuxième langue. L'anglais, langue souterraine pourtant parlée par 90 % de la population, réapparaît au XIVe siècle. Avant même la grande peste de 1350 qui a décimé 60 % de la population, l'anglais était redevenu la langue la plus parlée du royaume. Il s'impose ensuite, car tous ceux vivant en communauté et utilisant le latin comme les prêtres, les moines, la monarchie, sont morts. Leur disparition éclipse la langue latine. Les hommes d'Église sont remplacés par des religieux et des ecclésiastiques s'exprimant en anglais. L'élite ayant été décimée, il a fallu trouver des remplaçants dans les couches populaires. Ces natifs parlent le vieil anglais et l'imposent. C'est ainsi que progressivement, la langue s'est structurée pour devenir l'idiome du commerce grâce aux paysans anglophones qui débarquent à Londres pour vendre leurs produits. Ces Anglais pure souche s'enrichissent et forment une société de notables accédant à la propriété. Sans la peste, les nobles et les aristocrates auraient continué à parler le français. Paradoxalement, cette terrible épidémie contribua beaucoup à la renaissance de la langue anglaise et à son adoption définitive par les autochtones. Preuve que le choix d'une langue se fait naturellement et non de manière imposée, comme ce fut le cas de l'Espéranto.

Sous le long règne (1317-1377) d'Edouard III, l'Angleterre se métamorphose en puissance industrielle avec le développement d'une classe moyenne qui se distingue de l'aristocratie en parlant anglais. Avec la révolution industrielle apparaissent deux classes sociales : ouvrière et dominante. Les classes se côtoient, ce qui n'était pas le cas auparavant. Entre le « cockney » d'où émerge une certaine vulgarité et l'anglais des classes moyennes existe une différence profonde.

En 1352, l'anglais devient langue d'État et donc, celle des lois et des textes officiels. En 1362, le Parlement à Westminster reconnaît l'anglais comme langue unique des tribunaux, même si le français reste une langue employée jusqu'en 1731. Pour la première fois, lors de son discours, le Chancelier s'exprime en anglais qui, officiellement, devient la langue de la royauté. Henri IV (1367-1413) a été le premier monarque du royaume de langue maternelle anglaise. Son fils Henri V (1387-1422), le premier à l'utiliser dans les documents officiels. Le français demeure cependant la langue de la culture et des gens éduqués. La différence entre les classes sociales est symbolisée par l'emploi des deux langues.

La guerre de Cent Ans (1337-1453) a eu des répercussions politiques et sociales, mais aussi linguistiques. Les Français deviennent anti-anglais et les Anglais anti-français. **Non, le French Bashing est « cosmétique »**, les racines profondes de cette rivalité viennent de l'invasion normande, de la guerre de Cent Ans et de l'assassinat de Jeanne d'Arc. De francophones, puis francophiles, les Anglais passent alors à un sentiment anglophile exacerbé et n'ont plus du tout honte de leur langue. Dès lors, l'usage du français se perd progressivement.

L'idée est d'enrichir une langue accessible à tous. Langue basique, à l'origine elle n'a pas de conjugaison. La grammaire se structure déjà par l'expression du pluriel en ajoutant des « s » à la fin des mots. Le français a une influence considérable sur la langue surtout par l'enrichissement de son vocabulaire. « *Barbe-queue* » est devenu en anglais *barbecue,* puis est revenu en France sous la même appellation. Les nobles habitaient à l'intérieur des fortifications en haut des villages, et passaient une grande partie de leur temps à festoyer autour de la table. Les paysans, installés plus bas, cultivaient la terre et élevaient les animaux destinés à nourrir les nobles. Les noms d'animaux sont en anglais mais le nom des viandes est en français. *Lamb* et *Mutton, pig* et *pork, beef,* du mot « bœuf », calf, mais *veal* (veau), *hen* devient *poultry,* du français « pouleterie », *mushroom* du mot français « mousseron ». Un grand nombre de mots concernant la nourriture sont d'origine française : *chocolate, tomatoes,* etc.

Aux apports linguistiques se sont greffés les mélanges de cultures et d'habitudes de vie. Certaines reines venues de France arrivaient avec de riches dots, notamment des territoires du continent français, et la plupart d'entre elles, du XIIe au XVe siècle, étaient françaises. Durant trois cents ans, des couples bilingues élevèrent des enfants bilingues. On parlait beaucoup français à la cour. L'acteur Michael Caine raconte ainsi que quand Mary Stuart ou encore Marie-Antoinette étaient souffrantes, elles se soignaient à l'aide de la gelée de citrons confits, devenue célèbre sous le nom de « marmelade », en référence à « Marie-Malade ». Légende ou fait historique, l'anecdote est délicieuse. En revanche, il est tout à fait véridique qu'Aliénor d'Aquitaine, épouse d'Henri II à partir de 1152, ait fait découvrir le « claret » aux Anglais et sérieusement contribué à l'exportation des vins rouges du Sud-Ouest français vers l'Angleterre.

Dès le XVe siècle, l'anglais se démarque des langues germaniques mais aussi du vieil anglais, langue des paysans et du petit peuple. Il devient fonctionnel, s'adapte à la vie publique, au commerce, au savoir. Il peut évoluer librement puisqu'il n'a à la base pas de structures formelles. Il demeure essentiellement une langue orale. Langue du travail, de la pénibilité, mais non du plaisir.

Les grands écrivains et poètes l'ont formidablement enrichie et structurée en jouant avec elle, une de ses qualités étant d'être très malléable.

Jeffrey Chaucer (1342-1400), écrivain et poète anglais né à Londres, fils d'un marchand de vin londonien, est issu de cette nouvelle classe sociale purement anglaise apparue après la grande peste de 1350. Avec John Gower, William Langland et le Pearl Poet, il est l'un des principaux auteurs de langue anglaise du XIVe siècle, considéré comme l'un des pères de la littérature anglaise. En 1387, avec son œuvre la plus célèbre, *Les Contes de Canterbury*, Chaucer travaille sur l'anglais, sur son agencement grammatical et l'adoucissement des intonations des voyelles. Dès le XVe, le français disparaît totalement au profit de l'anglais. La bagarre entre les deux langues sera la bataille de la Bible. John Wycliff, qui maîtrisait parfaitement le latin, a commencé à traduire une bible en anglais, mais sa publication en est interdite. C'est seulement au début XVIe qu'une bible en anglais est légalement autorisée à paraître, sous Henri VIII, qui a pris ses distances avec Rome et la religion catholique. Entre-temps, en 1435, Gutenberg avait inventé l'imprimerie, ce qui contribua à la propagation des livres. En 1535 est publiée la première bible officielle en anglais à partir d'un texte allemand. Grâce au livre sacré, commence la diffusion de l'anglais écrit.

Afin de réduire l'énorme différence de prononciation entre le nord et le sud, un comité se réunit à Londres pour définir à la fois l'orthographe des mots et leur prononciation. L'anglais en tant que langue s'est construit à l'inverse du français à partir de l'expression orale pour aboutir à l'écrit.

LE « *MODERN ENGLISH* », POURQUOI L'ANGLAIS N'EST PAS QUE LA LANGUE DE SHAKESPEARE...

Shakespeare, à la fin XVIe siècle, est l'un des précurseurs d'une pensée anglaise écrite. Son *Globe Theatre* en plein air établit la tradition des représentations théâtrales. Chaque soir, deux mille personnes se pressent pour écouter un anglais plus moderne et s'initier ainsi à une forme nouvelle de leur propre langue. Diffusées dès cette époque à travers le monde, ces pièces permettent ainsi à l'anglais de voyager.

En 1588 débute le règne d'Élisabeth Ire, une reine qui aime les langues et en parle six. En prononçant son premier discours en anglais, elle impose le *New English,* ou anglais moderne, qui se structure véritablement en devenant tout à la fois langue du peuple et langue de l'autorité. Le premier dictionnaire est publié en 1604. Sous son règne, la suprématie de la flotte – Royal Navy – permet la découverte et la colonisation de nouveaux territoires. L'anglais s'enrichit alors de douze mille mots et se répand à travers le monde. C'est aussi une certaine culture qui commence à voyager. Une fois conquis, l'Irlande, le pays de Galle et l'Écosse adoptent l'anglais. Aux États-Unis, l'anglais se propage grâce aux pèlerins – *Pilgrim's Fathers*. Arrivés en 1607, sur le *Mayflower* à Plymouth Rock, ils viennent là avec la volonté de s'installer et parlent anglais aux autochtones. L'Empire britannique s'implante en Inde, le pays a donc adopté l'anglais, qui s'est enrichi d'un nouveau vocabulaire. Quelques exemples ? *Bungalow, pyjama, catamaran, jungle...*

Au XVIe siècle, Oxford et Cambridge font revenir le latin et le grec dans l'enseignement par le biais de la philosophie, la pensée, les cérémonies pour les célébrations. S'ensuit tout le mouvement de la poésie anglaise qui se diffuse dans de nombreux pays et étoffe encore la langue avec des mots nouveaux. L'avènement de la presse à Londres, au début du XVIIIe siècle (11 mars 1702), a modifié et forgé davantage encore la langue. Une manière de concentrer les tournures, de raccourcir les mots. Lire la presse est un moyen efficace de passer à un niveau d'expression bien supérieur. À ce stade, c'est une langue qui s'avère aussi difficile et complexe que le français ou l'allemand. Mais ce qui la différencie, c'est son accès vraiment plus facile. Une langue apparemment simple, facilement concentrée et pourtant porteuse de sens subtile. Les *headlines* des journaux en sont une illustration flagrante. En effet, derrière quelques mots bien choisis et des phrases succinctes, les messages passent, clairs et détaillés.

Louis XVI avait prié Lapérouse de suivre l'exemple des Anglais partis à la découverte de nouveaux territoires. Le commandant de vaisseau arrive donc en Australie en 1788. Et voit les navires de la *Royal Navy* amarrés. Lapérouse envoie un messager, Jean-Baptiste Barthélemy de Lesseps, pour annoncer au roi de France qu'il n'y a rien de bien intéressant dans ce nouveau territoire. Les Anglais restent et envoient des bagnards s'y installer avec leur argot des bas quartiers londoniens. Les Français n'ont pas su saisir les opportunités de s'établir, contrairement aux Anglais. Essaimée dans différents pays, la langue s'est adaptée progressivement, sans hostilité. Au contraire.

Aux États-Unis, au cours des XVIIe et XVIIIe siècles, l'afflux massif d'esclaves africains introduit un nouveau vocabulaire. Les influences de cette langue afro-américaine se répandent vers l'ouest. Ainsi, dire que l'anglais est la langue de Shakespeare est faux.

Entre 1815 et 1860, plus de sept millions d'Anglais, d'Écossais et d'Irlandais ont immigré aux États-Unis. L'Irlande, frappée par la grande famine due à une maladie de la pomme de terre, émigre en masse. Le résultat est qu'à ce jour, il y a plus d'Irlandais à New York qu'à Dublin. Les intonations de ces territoires de Grande-Bretagne, sans compter les accents du nord et du sud de l'Angleterre, ont forgé certaines élocutions américaines. Aux Antilles, en Australie, en Afrique, en Inde, à Hong Kong, dans ces multiples colonies d'un empire où « le soleil ne se couchait jamais », la langue s'est enrichie d'une multitude de mots, empruntant à plus d'une cinquantaine de langues différentes.

Durant les longues heures de voyage en train, les immigrants passent le temps en jouant à des jeux de hasard. De là, par exemple, a surgi le mot *deal*. Le vocabulaire s'enrichit en puisant dans les langues d'Afrique, des Caraïbes, de la communauté juive, du Mexique. Le très célèbre *cow-boy* en est une des multiples illustrations. C'est ainsi que s'est constituée l'identité forte de l'anglais américain. Le mot OK ou *okay* est probablement l'africanisme – influence africaine dans l'anglais – le plus populaire aujourd'hui. C'est vers 1830 qu'il commence à être utilisé, d'abord dans les communautés noires de Jamaïque, du Surinam, en Caroline du Sud. En wolof, il tire son origine de *waw kay* qui signifie *all correct*. L'adjectif *bad* viendrait aussi de l'africanisme.

LES NOMBREUX VECTEURS D'UNE LANGUE INTERNATIONALE TRÈS *BRITISH*

En 1920, un mot comme *merchant* devient *business* qui n'existait pas auparavant. Avec l'apparition de la musique moderne – jazz, blues... –, le vocabulaire s'enrichit : le mot *cool* est issu de l'afro-américain et du blues. Au cours des années 1930, le cinéma parlant est un vecteur supplémentaire de la propagation de l'anglais. Lors de la Seconde Guerre mondiale, les soldats américains venus libérer les pays occupés par l'Axe (Japon et Allemagne) débarquent avec leur langue et ils feront souche après la guerre. Dans les années 1970, l'influence de l'anglais US submerge les mondes économique et financier. Tandis que les termes techniques du secteur industriel proviennent d'Angleterre. Oscar Wilde disait : « *On a tout en commun avec les Américains sauf la langue* » ! Ces différences se sont progressivement aplanies au XXIe siècle.

La pop music, dans les années 1960, a incroyablement influencé toute une génération, qui s'est mise à l'anglais grâce aux Beatles. Les quatre garçons de Liverpool ont autant contribué à l'expansion de la langue qu'à celle de la musique.

Au XXe siècle, grâce aux nouveaux moyens de communication, l'anglais se propage et s'enrichit. Il devient prédominant dans la marine, dans l'aviation. Rien cependant n'a été imposé. Ce fut toujours choisi. En Inde, la population a compris que l'anglais représentait l'avenir et la langue anglaise a donc toujours été enseignée à l'école. C'est encore aujourd'hui la langue de la Constitution indienne. Le cricket, jeu par essence anglais, ne se joue plus en Angleterre dans le traditionnel costume blanc, contrairement à l'Inde, au Pakistan et à l'Australie. Lors de son indépendance en 1971, Singapour a décrété l'anglais comme langue officielle et nationale.

Cette multiplicité des apports successifs est soulignée dans le *Shorter Oxford Dictionary.* En 1973, Thomas Finkenstaedt et Dieter Wolff, en se basant sur les 80 000 mots du *Shorter Oxford Dictionary* (3e édition), ont établi dans *Ordered Profusion* la répartition suivante :

- langue d'oïl, le normand principalement, mais on y trouve aussi le picard et enfin l'ancien français : 28,3 %
- latin, y compris les mots scientifiques et techniques formés récemment: 28,24 %
- ancien et moyen anglais, vieux norrois et néerlandais : 25 %
- grec : 5,33 %
- étymologie indéterminée : 4,02 %
- mots dérivés de noms propres : 3,28 %
- toutes les autres langues : moins de 1 %

Ces estimations doivent être prises avec beaucoup de prudence, car de nombreux mots sont entrés dans la langue anglaise par l'intermédiaire d'une autre langue (par exemple, les mots latins via le franco-normand). Ces questions de définition conduisent à des appréciations différentes. Ainsi, la linguiste française Henriette Walter affirme de son côté que plus des deux tiers des mots anglais sont d'origine française, alors que les emprunts du français à l'anglais ne dépassent guère plus de 4 %. L'abondance de termes, même courants, issus du français explique qu'une bonne partie du vocabulaire soit plus accessible aux francophones qu'aux locuteurs de langues pourtant germaniques comme le néerlandais, l'allemand ou les langues scandinaves.

On compte des mots tirés de l'ancien français (*enjoy, challenge, bacon*), mais aussi du français moderne, voire contemporain (*façade, restaurant, encore*). Certains mots ont même été empruntés puis réempruntés : « challenge », comme on l'a déjà évoqué, est un mot français d'origine anglaise (*a challenge*), issu lui-même de l'ancien français « chalenge » ; *bacon* également, sorti de l'usage du français au XVIe siècle et revenu « fumé » d'outre-Manche à la fin du XIXe, etc. Selon Melvyn Bragg, auteur de The Adventure of English, l'anglais, qui comptait avant l'invasion normande de 1066 quelque 25 000 à 30 000 mots, s'est enrichi au cours des deux à trois siècles suivants de 10 000 à 12 000 mots d'origine française.

À noter donc, un nombre considérable d'emprunts au français qui ont conservé leur orthographe d'origine :
justice, miracle, date, silence, machine, regret, surprise, empire, queue, table, intelligent, centre, force, science, nature, portrait, culture, point, royal, image, attention, lion, double, muscle, message, amusement, secret, prairie, journal, saint, page, police...

Seule leur prononciation est différente. On trouve également un très grand nombre de mots issus de l'ancien français qui sont restés tels quels en anglais comme *chien* (devenu *chef* en français moderne), *isle* (devenu *île*), ou encore *forest* (devenu *forêt*), *hospital* (devenu *hôpital*), ainsi que *quest, conquest, request, tempest, arrest* qui ont perdu le « s » en français moderne, « remplacé » par un accent circonflexe ; mais aussi *people,* issu de l'une des variantes en ancien français (et normand) du mot *peuple.*

On peut aussi évoquer les termes provenant du français qui ont cependant disparu de celui-ci tout en évoluant : le mot *fame* signifiant « célébrité », qui n'existe plus en français moderne tout en demeurant présent dans l'adjectif *fameux,* dont le sens a peu à peu évolué ; *quiet,* disparu du français moderne, tout en y perdurant au travers du nom *quiétude,* de son contraire *inquiet* et du nom dérivé *inquiétude.* Enfin, notons que de très nombreux verbes anglais sont issus (ou dérivent) du français comme *to change, to charge, to employ, to declare, to envoy, to maintain, to claim, to imagine,* etc.

Des mots décrits comme étant anglais ne sont parfois que des termes issus du français, à l'image du mot *sport*, provenant en fait de l'ancien français « desport » ou encore *suspense*, issu de l'anglo-français *suspens* (comme dans « en suspens »), lui-même issu du vieux français « sospense » signifiant « report », « ajournement », « suspension ». Au registre des anecdotes, le mot « smoking » est une invention française. En effet, à l'époque des colonies britanniques en Inde, les Anglais avaient pour habitude de se regrouper dans leur club, vêtus d'un costume identique à leur uniforme de collège, c'est-à-dire avec une queue-de-pie. Les Français les ont alors baptisés les « smoking », car ils se réunissaient pour fumer et boire. D'autres mots « anglais » ont été inventés par les Français et n'existent pas dans la langue anglaise comme, « forcing », « camping », « babyfoot », « dressing », « lifting », « planning », « rugbyman » ou « shampoo ».

Bien que l'anglais ait absorbé de nombreux mots d'origine étrangère, le cœur du lexique reste anglo-saxon : les 100 premiers mots du *Corpus d'anglais américain de l'université Brown*, assemblé dans les années 1960, sont anglo-saxons. Les mots les plus courants de la langue anglaise (mots grammaticaux comme *in, the, be,* ou lexicaux comme *father, love, name,* etc.) sont des mots de cette origine.

Il est fascinant de constater à quel point l'anglais a été intégré dans et par de multiples sociétés. Le summum est atteint dans les années 1990 avec l'arrivée d'Internet. Au début des années 2000, 90 % des textes sur le Net sont en anglais. Rien ne résiste à cette langue. L'anglais est devenu bien plus explicite que le français. On peut mieux nuancer avec moins de mots, donc les mots sont plus précis. Exemple : *The doors slid open,* en français « Les portes coulissantes se sont ouvertes automatiquement ». Cette langue ne s'appauvrit pas en étant concise.

Une idée par phrase. Aujourd'hui, la structure écrite du français se réfère à l'anglais en matière de simplification.

Churchill s'est beaucoup inspiré dans ses discours de ceux d'Élisabeth Ire qui, comme Élisabeth II, maîtrisait parfaitement le français. Il a su choisir des mots du XVIe siècle, seuls véritablement British « English » qui ont un impact fort sur les Anglais, d'où la puissance de ses textes.

Cette habile gymnastique de l'esprit est propre à l'anglais grâce à la rapidité et la fluidité de la langue. Son humour, son sens de la repartie n'appartiennent qu'à ce peuple qui sait si aisément jouer avec les mots. Mon enfance est riche d'anecdotes plaisantes liées à cette tournure d'esprit légendaire. Enfant, dans une gare, je me souviens avoir marché sur le pied d'un voyageur que j'ai regardé terrorisé. Il m'a souri : « Ce n'est pas grave, j'en ai un autre ! »

Par la suite, les Américains y ont rajouté leur musicalité et une certaine simplification de la structure grammaticale. Les *modal verbs* sont très peu utilisés aux États-Unis et le *past simple* remplace souvent le *present perfect.* Un exemple simple, en British English, nous verrons, *TURN ON/TURN OFF* et en Anglais américain, ON/OFF, idem dans *CLEAR OUT* et *CLEAR,* où la préposition disparaît et devient même la touche « C » sur les machines à calculer. Grammaticalement, un Anglais dira *« have you seen your mother today? »,* un Américain *« did you see your mom today?».*

Cette langue, propriété exclusive des Britanniques au XVIe siècle, s'est renforcée et internationalisée grâce aux Américains et de nombreux pays à travers le monde se la sont appropriée.

« Si vous parlez à un homme dans une langue qu'il comprend, vous parlez à sa tête. Si vous lui parlez dans sa langue, vous parlez à son cœur »

Nelson Mandela

CHAPITRE 2

HISTOIRE DE L'ENSEIGNEMENT DE L'ANGLAIS DANS L'ÉDUCATION NATIONALE

DE MALLARMÉ À VICTOR DURUY

Au XVIIe siècle, une grande partie de l'élite européenne, Allemagne et Angleterre en tête, étudie et parle le français à une époque où la France s'imposait dans le monde sur un plan politique, économique et culturel. En France, quelques érudits mis à part, les Français ne se posent même pas la question de la nécessité d'un enseignement des langues étrangères.

Lors de la révolution de 1789, un changement s'amorce. Pourtant, la Convention montagnarde de 1793 menace du bras séculier de la loi ceux qui n'utiliseraient pas le français. Cette attitude de défense et promotion de la langue nationale par le pouvoir politique est spécifique à la France et n'est partagée, par exemple, ni par l'Espagne ni par l'Italie. Plus tard, la loi Deixonne du 6 janvier 1951 et, plus récemment, la loi Toubon de 1994, imprégnées du même état d'esprit, revendiquent une protection de la langue française.

Malgré cela, dès 1796, le Conseil des Cinq-Cents vote en faveur de l'apprentissage des langues vivantes par les élèves de l'enseignement secondaire, un objectif que la loi du 11 floréal an X atténue : « *Il y aura près de plusieurs lycées des professeurs de langues vivantes.* » Le Statut de 1821 ajoute : « *Les classes de langues vivantes ne sont données que sur la demande des parents et aux heures de récréation. Le prix en est payé à part.* » Enfin, en 1848, les langues vivantes font partie, dès la cinquième, des matières obligatoires.

En 1850, les textes officiels affirment qu'on n'apprend pas une langue étrangère par la traduction, mais par un enseignement uniquement oral. Pourtant, la mise en place de cet enseignement est poussive. Victor Duruy, ministre de l'Instruction de 1863 à 1869, en prend conscience et impose des réformes. *« L'étude des langues vivantes, écrit-il, n'a produit jusqu'à présent que des résultats insuffisants. Elle a pourtant une double utilité pratique et morale que nul de nous ne méconnaît ; mais bien des raisons, qu'il est inutile d'expliquer, ont amené l'insuccès que nous déplorons. Désormais, dans l'économie de nos études scolaires, nous enseignerons à nos enfants les langues mortes pour leur apprendre à les écrire, les langues vivantes pour leur apprendre à les parler. La méthode à suivre est ce que j'appellerai la méthode naturelle, celle qu'on emploie pour l'enfant dans la famille, celle dont chacun use en pays étranger. »* Le ministre institue une épreuve de langues vivantes à l'examen oral du baccalauréat et désormais, l'étude des langues commence dès la 6e. Les professeurs de langues étrangères obtiennent une situation égale à celle de leurs collègues.

De 1850 à 1879, époque où Stéphane Mallarmé est professeur d'anglais, cet enseignement est la norme. Si cet enseignement s'était ainsi poursuivi, il n'aurait pas abouti au désastre que nous subissons depuis. Je m'arrête quelques instants sur l'une de mes découvertes en écrivant ce livre. Stéphane Mallarmé, que tout le monde (ou presque) connaît comme poète parnassien, gagnait sa vie en étant professeur d'anglais ! Il était un mari et un père attentionné et il avait choisi, comme source de revenus, d'être professeur d'anglais à partir de 1863. Il souhaitait, par l'enseignement de l'anglais, donner accès aux jeunes Français aux écrits d'Edgar Allen Poe. Son travail m'a interpellé. En effet, lorsque j'ai installé mon tout premier centre de langues pour enfant à Lille, ma « baseline » était « L'anglais en s'amusant », j'ignorais que cent vingt ans auparavant, un professeur d'anglais, Stéphane Mallarmé, avait inventé « l'anglais en jouant ». En creusant un peu, j'ai découvert tout l'univers de Mallarmé grâce à la bibliothèque littéraire Jacques-Doucet à Paris, qui a conservé de manière remarquable toutes ses créations. Tout d'abord, il s'était lancé seul dans la rédaction de l'histoire de la langue anglaise. Ce travail n'aura jamais été publié et certains se demandent même dans quel but il s'était donné tout ce mal. Pour moi, la réponse semble évidente. C'était un homme extrêmement créatif, qui concevait des supports ludiques et colorés. Inventeur de la roue avec des cases à trous pour y trouver les bons mots de vocabulaire, les terminaisons de verbes conjugués. Le tout très façonné et coloré. Malheureusement, Mallarmé était très chahuté et

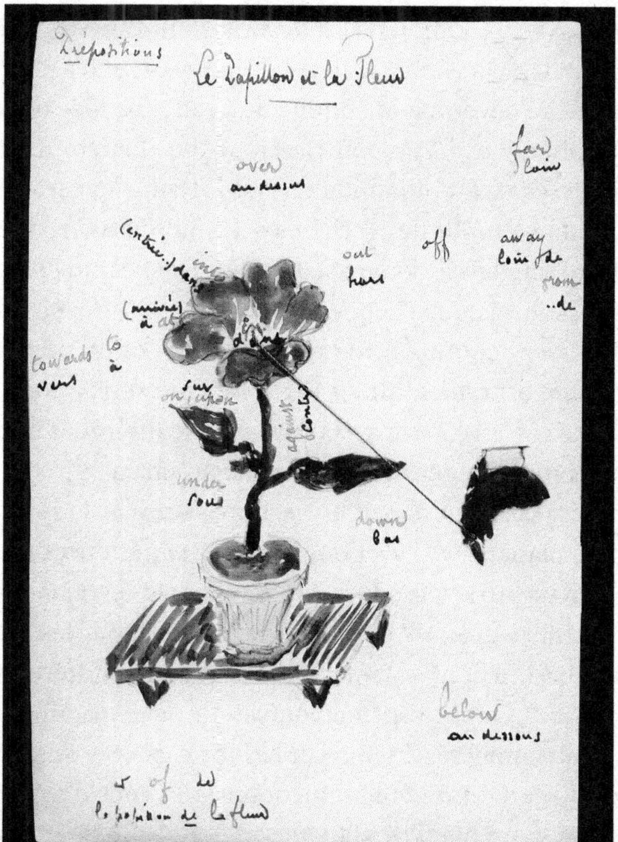

incompris de ses élèves. Très mal noté par les inspecteurs académiques, « esprit cultivé mais prétentieux », « enseigne sans méthode ». Sans cesse rétrogradé, envoyé dans des régions de plus en plus froides, lui qui ne supportait pas le froid et rêvait de la douceur de la France du sud et, surtout, avec ses soldes en constante diminution. Les parents des élèves savaient qu'il était poète et ceci à leurs yeux ne pouvait pas être compatible avec son poste de professeur. Chaque été, Mallarmé choisissait de partir en vacances une semaine en louant à Fontainebleau une calèche de quatre places tirée par un poney. Mais un été, ses revenus ayant tellement baissé, il sentait qu'il devrait y renoncer. Toujours à la recherche de solutions, un jour, en rentrant d'un déjeuner avec un ami, il passa devant un libraire du Quartier latin et vit dans la vitrine le mot « éditeur ». Il entra et proposa au libraire de devenir son éditeur. Sans aucune idée de ce qu'il allait publier, il avait un contrat en poche et surtout, l'argent pour payer ses vacances familiales. Peu de temps après, Mallarmé lui ramena sa boîte de 16 fiches « L'anglais Récréatif pour apprendre l'anglais en jouant seul ». Ces 16 fiches ont été conservées à la bibliothèque Jacques-Doucet. En 1879, avec l'arrivée de Jules Ferry comme ministre de l'Instruction publique, le changement est radical. Jules Ferry estime que l'apprentissage des langues étrangères n'a pas de véritable intérêt et impose le français comme langue unique. Son allocution du 28 juillet 1885 à la Chambre des députés est un véritable éloge de la supériorité de la race blanche. « Il y a pour les races supérieures un droit, parce qu'il y a un devoir pour elles. Elles ont le devoir de civiliser les races inférieures. » À ses yeux, il est évident que les Français n'ont nul besoin de s'exprimer dans une langue différente de la leur. En 1882, ce pur esprit colonisateur devient ministre des Colonies et remplit ses discours de haine raciale. Ses lois scolaires à partir de cette date tendent à doter la France d'une langue unique, excluant même les langues régionales. Ainsi, un enfant pouvait être puni s'il parlait une autre langue que le français et devait porter une cloche de bois autour du cou, pendant une journée. Le procédé, avec des variantes locales, était également utilisé dans les écoles françaises de l'empire colonial pour favoriser l'apprentissage du français. Le but était d'assimiler les « indigènes ».

En 1884, les textes sont très clairs : les élèves peuvent apprendre des langues étrangères afin d'enrichir leur culture générale. Il s'agit d'un simple enrichissement des connaissances, mais

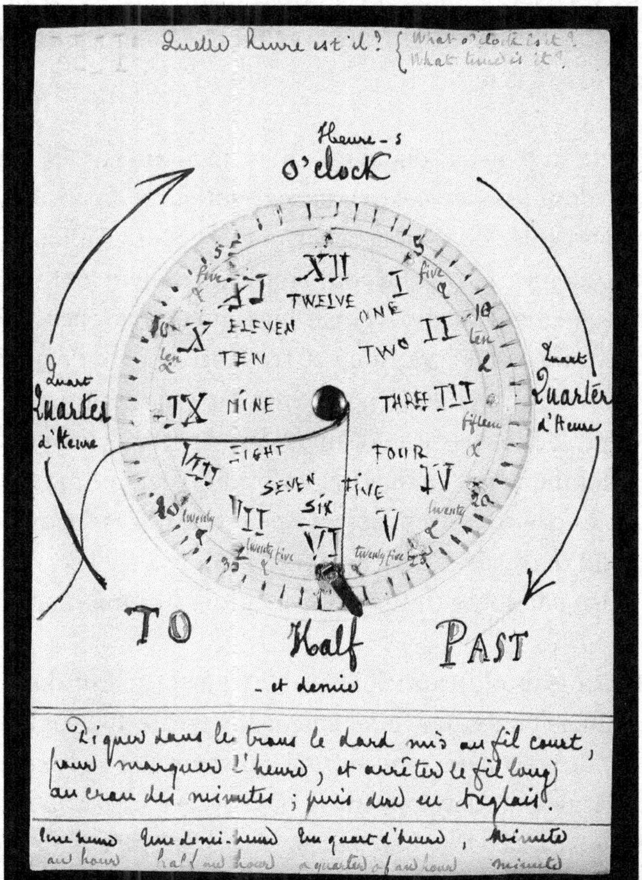

pas du tout d'une nécessité. Dans le cadre d'une instruction plus diversifiée, il est bon de connaître une autre langue. Il est mentionné que le petit Français n'a pas à être bilingue. Avec la colonisation, le français devient la langue officielle des pays colonisés. C'est une autre époque certes, mais cette vision reste la pierre fondatrice gravée dans l'inconscient collectif : « inutile d'apprendre d'autres langues puisque tout le monde parle la nôtre ». Les programmes des classes primaires dans les lycées et collèges comprennent néanmoins deux heures par semaine d'enseignement des langues vivantes : le profit qu'en tirent les élèves est généralement assez faible, d'autant plus qu'après la réforme de 1902, l'enseignement régulier des langues étrangères est repoussé à la 6e.

À la fin du XIXe siècle, quelques villes introduisent les langues vivantes dans leurs écoles primaires publiques : depuis 1880, les élèves des écoles de Belfort reçoivent des cours d'allemand ; il en est de même à Marseille pour l'italien. Totalement livresque, cet enseignement est alors copié sur celui des langues mortes : étude détaillée de la grammaire, traduction lente de quelques textes, thèmes et versions, peu ou pas d'exercices oraux. À la fin de leur scolarité, les élèves n'ont retiré de leurs classes d'allemand, d'italien ou d'anglais, qu'un profit très minime. Ils sont incapables de prononcer correctement une phrase, d'exprimer oralement leurs idées avec aisance, pas plus qu'à l'écrit, à plus forte raison de soutenir une conversation, si simple soit-elle.

Pourtant, des érudits, anticipant sur la transformation du monde, comprennent l'importance des langues dans les échanges internationaux. Ils les considèrent comme indispensables à l'expansion commerciale et au développement des voyages. « *Nous ne sommes pas exposés à rencontrer des contemporains de l'empereur Auguste, au lieu que nous coudoyons tous les jours des Allemands et des Anglais. N'avons-nous pas des expositions, des congrès, des conférences internationales, des rapports commerciaux ? Vous dites que l'occasion de parler se présentera rarement ; mais si nous voulons que le Français sorte de son pays, il faut le munir pour le voyage. Quelle envie voulez-vous qu'il ait d'aller au loin si, après dix ans d'étude, il ne sait seulement pas prendre son billet de chemin de fer ?* », écrit Michel Bréal dans son ouvrage *De l'enseignement des langues vivantes*, en 1893. N'est-ce pas effarant qu'en 2016, nous en soyons toujours au même stade pour une majorité de Français ?

LE GRAND FIASCO DU XXe SIÈCLE

À l'occasion de l'Exposition universelle de 1900, la question des langues dans les écoles primaires est débattue lors du Congrès international de l'enseignement des langues vivantes tenu à Paris. Charles Longuet, inspecteur des cours commerciaux de langues étrangères de la Ville de Paris déclare : *« Il y a lieu d'introduire les langues vivantes dans l'enseignement primaire, au moins dans les écoles urbaines, et à titre facultatif. Cette introduction devrait être préparée par la formation d'un personnel enseignant convenable. »* Ce vœu pieux est hélas resté sans suite. Il en ressort que l'école primaire doit enseigner à ses élèves des matières d'une utilité plus pressante et plus générale.

En Europe, les programmes scolaires ont été établis à l'ère postindustrielle dans le but d'accompagner les enfants vers le monde du travail. Dans les pays colonisés par la France, il est hors de question de parler une autre langue que le français. À la demande du Parlement, le ministère de l'Instruction publique réfléchit, en 1902, à une réforme. « *Au lycée et au collège, les langues vivantes ne doivent pas être enseignées comme les langues mortes. On ne doit pas en faire un instrument de culture littéraire ou une gymnastique intellectuelle. Il faut employer la méthode qui donnera le plus rapidement et le plus sûrement à l'élève la possession effective de ces langues.* » Cette méthode, c'est la méthode directe. Le ministre, Georges Leygues, déclare en mai 1902 qu'il souhaite que la méthode directe soit la seule méthode d'enseignement en usage dans les classes. « *Directe, en ce qu'elle transmet les vocables à l'oreille de l'élève, sans passer par la vue préalable du mot écrit ou imprimé, la nouvelle méthode justifie encore son appellation par la manière dont elle suggère le sens des mots. Elle supprime l'intermédiaire de la langue maternelle, c'est-à-dire la traduction. À cet effet, elle débute par l'intuition. Elle associe les mots à la vue des choses et des êtres, à l'intuition de leurs attributs et de leurs modifications, à la perception de leurs rapports réciproques ; enfin, elle associe les mots aux actions des êtres* », écrit le professeur Albert Schweitzer, qui a parfaitement saisi ce qu'aujourd'hui je défends avec force. Mais cette méthode directe se heurte très vite à l'insuffisance des heures de cours. Avec deux à trois heures par semaine, on en comprend vite les limites. Comment expliquer le fiasco qui s'ensuivit ? Pourquoi a-t-on abandonné au fil du XXe siècle une méthode évidente et efficace qui avait été parfaitement pensée et mise au point par d'éminents professeurs ?

Dès l'origine, l'enseignement des langues n'a pas été raccroché aux grandes matières comme les mathématiques et le français. Il n'y a donc jamais eu de véritable fondation d'un enseignement des langues. Pendant plus d'un siècle, personne ne s'est jamais posé les bonnes questions concernant ce sujet. Il est terrifiant de constater que cent cinquante ans plus tard, malgré les transformations et les évolutions de la société, l'apprentissage des langues dans l'Éducation nationale n'a pas bougé !

Pourtant, la Première et la Seconde Guerres mondiales ont joué un rôle d'accélérateur sur l'ouverture linguistique des Français grâce aux Alliés. Au début des années 1960, le développement de l'enseignement des langues s'accélère progressivement. En dépit de cette ouverture, jusqu'aux années 1990, l'apprentissage est resté purement écrit : compréhension et expression écrites des textes, grammaire et philologie, traduction, thème et version, phonétique. Un aspect purement théorique, jamais oral. Cela explique en partie que les étudiants arrivent au bac avec un niveau de compréhension et une facilité d'élocution très approximatifs et fragiles.

En 1999, le Premier ministre d'alors, Lionel Jospin, propose, lors d'un discours à l'Unesco, de rendre obligatoire, dès le plus jeune âge, l'apprentissage de deux langues vivantes en plus de la langue maternelle. François Bayrou, alors ministre de l'Éducation, avait appliqué cette mesure en 1994. Mais la même année, la fameuse loi Toubon obligeait à traduire systématiquement le texte ! Loi calamiteuse s'il en est ! Et tout ça pour protéger la langue française... Fallait-il vraiment la protéger de cette manière-là ? Cette loi n'empêche absolument pas l'invasion de mots anglais qui enrichissent le français. Jamais la télévision française ne propose de films en version originale (VO), contrairement aux pays nordiques comme la Finlande. Et pourquoi changer l'orthographe de mot comme *tweet* qui est le chant d'un oiseau en anglais alors que le terme choisi en français « Twit » signifie « imbécile » en anglais ? Pourquoi franciser l'orthographe ? Un cadre de mon entreprise m'a demandé un jour : « Comment dit-on «marketing» en anglais ? » !!

En 1994, Internet n'existait pas. Vingt ans plus tard, tout a changé mais personne ne semble vouloir se poser des questions sur l'omniprésence de l'anglais ! Le français fut pendant près de cent soixante ans la langue des élites européennes et la diffusion de l'anglo-américain est ressentie dans l'Hexagone comme un discrédit. En 2004, le rapport Thélot, constatant la dégradation du niveau d'anglais chez les élèves, propose l'enseignement d'un « *anglais de communication internationale* ». Dès lors, il suggère que les élèves l'étudient dès le CE2 avec ensuite, le choix d'une deuxième langue vivante en 5e. Mais cette proposition se heurte de plein fouet aux défenseurs acharnés de la francophonie, aux syndicats et aux anglicistes qui considèrent comme « bâtard » l'anglais international. « *L'anglais de communication de M. Thélot est un objet non identifié. S'agit-il de l'anglais parlé par un Slovène à un Espagnol ? C'est absurde. On a tout ce qu'il faut dans les programmes actuels pour répondre à la demande de l'anglais* », s'insurge alors un inspecteur général.

LE XXIe SIÈCLE, STRATÉGIES CHAOTIQUES ET RETOURS EN ARRIÈRE PERMANENTS

En 2007, Xavier Darcos, futur académicien, tente de trancher dans le vif et impose l'apprentissage de l'anglais en primaire après avoir déclaré que la France doit être une « nation bilingue » et « que la langue dont tout le monde a besoin, c'est l'anglais ». Peine perdue ! Après bien des dérogations, toutes les écoles n'y sont pas contraintes. Luc Chatel a réuni une commission sur l'apprentissage de l'anglais dès 3 ans. J'ai demandé à en faire partie, compte tenu de mon expérience et de mon rôle de pionnier depuis vingt-cinq ans dans ce domaine. On n'a pas jugé nécessaire de m'y convier ! Au final, ceux qui se sont réunis ont conclu que ce n'était pas une bonne idée. Avec Claude Hagège au sein de cette commission, il n'y avait aucun doute quant à la réponse puisqu'il continue de redouter une position dominante de l'anglais au détriment du français. Benoît Hamon, avec sa vision très politique, affiche de bien médiocres ambitions en matière d'éducation. Quant à Vincent Peillon, sa connexion des programmes de langues au monde de l'entreprise n'a pas porté les fruits attendus.

Il y a vingt-cinq ans, la première langue étrangère était apprise en 6e. Et cela fait à peine quinze ans que le quart des écoles primaires enseignent l'anglais. Pourtant, une circulaire de 1999 l'évoque déjà : « *En introduisant un enseignement obligatoire de langues vivantes dès l'école primaire, la France suit la voie ouverte par les pays nordiques (Danemark, Finlande, Islande, Norvège, Suède), les pionniers dans cette politique, dès la fin des années 1950.* » Paragraphe suivant : « *La marche vers la généralisation de l'enseignement des langues à l'école primaire, d'abord chaotique, s'inscrit désormais dans un plan de généralisation certes ambitieux, mais dont le calendrier, programmé à «marche forcée», est aujourd'hui en partie remis en cause.* » Les décennies passent, ainsi que les gouvernements et aucune position ferme n'est adoptée. Il est aberrant de commencer une langue étrangère en 6e. Loin d'être une évidence, imposer l'apprentissage plus tôt continue d'être un défi laborieux, voire impossible. Pire encore, aucun moyen de pouvoir enseigner correctement n'est proposé aux instituteurs. Ils n'ont pas de formation ni accès à une quelconque méthodologie adaptée aux enfants de classes primaires. Il n'y a aucune homogénéité ni cohérence entre le CM2 et le secondaire à partir de la 6e. Les efforts ont été clairement mis sur l'accession à l'anglais en primaire, sans modifier les programmes prévus en 6e. Ceci fait qu'à ce jour, un enfant arrivant en 6e n'a plus le même niveau d'anglais qu'un élève qui arrivait en 6e il y a dix ans.

Depuis une dizaine d'années, l'anglais est entré en primaire. L'objectif de l'Éducation nationale est d'amener l'enfant à la fin du CM2 au niveau le plus élémentaire d'utilisation de la langue à titre personnel, correspondant au niveau A1 du CECR (le Cadre européen commun de référence pour les langues). Si le système est mis en place avec les moyens nécessaires à cet objectif, les enfants vont parvenir avec un bon niveau d'anglais à la sortie du CM2. En revanche, les élèves du primaire provenant d'écoles où les enseignants n'ont pas eu le moyen de développer l'anglais (formation des instituteurs, moyens mis dans l'école) vont se retrouver dans la même 6e que les élèves déjà initiés, contraignant les professeurs à tout reprendre de zéro. Une perte de temps pour les uns et du retard assorti de frustrations pour les autres. Dès la seconde, puis la première et la terminale, le niveau est brutalement rehaussé et basé sur l'écrit. Les élèves n'ont jamais véritablement l'opportunité de parler, car enseigner correctement les langues dans des classes de 30 élèves relève de l'impossible. Si, aujourd'hui encore, mathématiques et sciences restent des matières majeures, ce n'est toujours pas le cas pour les langues. En France, l'éducation passe par un tronc commun de quelques matières considérées comme fondamentales. Le reste, comme les langues, le sport, les arts semblent plus accessoires.

En 2015, la réforme de Najat Vallaud Belkacem supprime les classes bilangues en 6e. Et impose la deuxième langue en 5e ! Une régression. Rien n'a évolué depuis le XIXe siècle ! Pourtant, la ministre a de grandes ambitions. « *Nous donnons aux collégiens de nouvelles compétences adaptées au monde actuel : l'apprentissage des langues vivantes est renforcé avec l'enseignement de la LV1 dès le CP et de la LV2 dès la 5e. Au total, ce sont 54 heures supplémentaires par an qui sont consacrées à l'ensemble de la LV2 sur l'ensemble de la scolarité au collège.* » Si les enfants arrivaient avec une bonne connaissance de l'anglais en 6e, ils pourraient d'emblée attaquer une troisième langue en 5e. Avant de se poser la question de la LV2 en 5e, il faudrait déjà s'interroger sur une continuité de l'enseignement du CM2 vers la 6e, sachant que certains élèves arrivent avec une connaissance de la langue et d'autres pas. Rendre obligatoire une deuxième langue en 5e va évincer le latin et le grec, alors que ces langues anciennes ont apporté une forme de pensée, une richesse de vocabulaire. Cela nécessiterait une meilleure répartition du temps. Les jeunes ayant un bon niveau en langue ne le doivent pas à l'Éducation nationale, mais à leurs familles qui ont investi dans des cours particuliers ou des séjours linguistiques. Les familles font principalement appel à des organismes privés auxquels pourtant, elles ne font pas vraiment confiance. Elles y ont recours en dépit d'une autre solution. Cette solution serait l'école, qui a toute leur confiance... mais où le système d'enseignement des langues est défaillant. On tourne en rond.

Une autre incohérence de l'Éducation nationale : l'obligation en 6e de choisir entre l'anglais et l'allemand en première langue étrangère. Pourquoi pas l'espagnol, ou une autre langue ? Les parents se sont souvent posé la question. Et la réponse est qu'il existe un traité entre l'Allemagne et la France, signé le 22 janvier 1963 par le général de Gaulle et son ami, le chancelier Adenauer, qui, entre autres accords, imposerait l'allemand en 6e. Ceci pour favoriser l'emploi des Français en Allemagne. Face à l'évolution du monde, n'aurait-il pas fallu revoir cet accord pour proposer d'autres langues aux collégiens ?

Patrick Hetzel, député du Bas-Rhin, estime qu'*« il n'y a qu'un point au sujet duquel je trouve que le gouvernement a pris la bonne direction : ouvrir davantage de possibilités pour assurer des cours dans une autre langue que le français dans nos universités et nos établissements d'enseignement supérieur. Cela prend tout son sens lorsque l'on se trouve dans une région frontalière. C'est ainsi qu'à l'Université de Strasbourg, il y a des cours assurés en allemand par des collègues de Karlsruhe tout comme il y a des cours à l'Université de Karlsruhe assurés en français par des universitaires strasbourgeois.* » Cette mesure devrait s'élargir à travers la France et dans d'autres langues.

UN AFFLIGEANT MANQUE DE MOYENS : 6 FOIS MOINS QUE LA MOYENNE MONDIALE !

En France, le manque de moyens est époustouflant. Dans certaines écoles (notamment celles où je suis intervenu), il n'existe ni connexion Internet, ni tableau blanc interactif, ni tablettes numériques. Un tableau blanc interactif paraît le b.a.-ba. Le rapport de l'Institut Montaigne paru le 7 mars 2016 rappelle que « *Moins de 0,5 % des dépenses faites en faveur d'un élève français sont dédiées au numérique, c'est six fois moins que la moyenne mondiale* ». Et poursuit avec ce constat : « *Les collectivités françaises dépensent encore, chaque année, 300 millions d'euros pour l'acquisition de manuels scolaires papier, auxquels s'ajoutent 100 millions d'euros pour des photocopies à usage pédagogique.* »

Aujourd'hui les enfants apprennent en cherchant sur des moteurs de recherche. Il n'est même plus nécessaire de leur enseigner l'alphabet puisqu'ils n'utilisent plus les dictionnaires. Pour trouver un mot, ils le tapent sur Internet. Et dans l'apprentissage des langues, Internet est incontournable. De nombreux sites très bien conçus se fondent sur des vidéos. Pourquoi pas un Facebook pour l'apprentissage des langues ? Les enseignants, sans attendre qu'on leur en donne des moyens, ont, grâce à Internet, une palette de méthodes à leur disposition. Liens vers d'autres écoles, vidéos, c'est chaleureux, stimulant... le professeur peut se filmer lui-même pour préparer le cours et mettre la vidéo sur un site Web...

Il me semble inconcevable en 2016 d'aborder les langues en primaire sans avoir une approche numérique, complémentaire à ce qui est fait en cours. On possède un moyen illimité avec le son, l'image, le texte, vecteurs d'interactivité trop rarement utilisés. En France, ces méthodes tardent à arriver alors que la plupart des pays européens s'y sont mis. Les professeurs peuvent, par le numérique, envisager des échanges avec des écoles internationales où l'anglais est maîtrisé. Le numérique leur offre la perspective de nombreuses autres initiatives à la fois ludiques et instructives.

Avec la génération actuelle, les enfants apprennent instantanément grâce au multimédia : on parle du « prêt-à-savoir » comme du prêt-à-porter ! Ce terme me convient parfaitement concernant l'anglais. Grâce au numérique, les enfants peuvent déjà apprendre des phrases simples et se former aux rudiments de la grammaire. L'essayiste Emmanuel Davidenkoff explique précisément comment le système doit s'adapter aux nouvelles façons d'apprendre : « *Un tsunami s'apprête à déferler sur nos écoles, nos universités, nos grandes écoles. Du nord au sud de la Silicon Valley californienne, l'écosystème qui a converti en quelques décennies des milliards d'êtres humains au smartphone et à Internet a mis toute sa puissance de travail et d'innovation au service d'un objectif : réinventer l'éducation.* » L'auteur souligne au passage, ce qui est l'un de mes fers de lance de longue date, la rigidité et l'élitisme de notre système, à contre-courant de ce qui se passe ailleurs dans le monde.

Quant aux moyens nécessaires, n'avons-nous pas compris qu'il vaudrait mieux cesser d'investir tous les ans dans certains livres inadéquats ou inadaptés qui s'appuient essentiellement sur l'apprentissage par l'écrit pour investir dans des moyens numériques, qui apportent une dimension fondamentale à l'étude de l'anglais ? Et qui représentent un investissement bien plus rentable sur le long terme. Un enfant apprend plus vite à taper sur un clavier qu'à écrire avec un crayon sur du papier. Donc choisir clavier et écran pour l'apprentissage de l'anglais paraît logique. Grâce aux sons et aux images qu'apportent les supports multicanaux, les enfants enregistrent plus facilement mots et prononciation. L'une des véritables révolutions de l'ère numérique est l'utilisation des tableaux blancs interactifs (TBI). Ils permettent d'écrire mais aussi, par le biais d'Internet, d'intégrer des exercices interactifs, de mettre du son, de dessiner, de stocker, visualiser des photos, ou regarder des vidéos. Leur utilisation est infinie. Il stimule l'enfant et le groupe. Personnellement, je suis plutôt réticent à l'utilisation individuelle des tablettes, apprendre une langue pour un enfant se fait en groupe, à l'école et non tout seul.

Au bout du compte, c'est le but de chacun qu'il convient de comprendre et de définir. Quelle utilisation fera-t-on de l'anglais après le bac ? En fonction de la réponse, l'étudiant approfondira ou non sa connaissance. Il existe encore de trop nombreuses écoles d'ingénieur, de cursus scientifiques par exemple, où aucune langue étrangère n'est enseignée. Selon une étude récente de Cadremploi, les cadres français ne sont que 20 % à maîtriser l'anglais couramment, mais sont plus nombreux dans l'art de placer un anglicisme en fin de phrase. C'est pitoyable de voir des chefs d'État français incapables d'aligner trois mots en anglais ! L'ancien président Nicolas Sarkozy a raté son diplôme de Sciences Po à cause de ses lacunes dans cette langue, et ne se sent pas très à l'aise lors de dîners mondains. François Hollande, quant à lui, a signé une lettre de félicitations au président américain, Barack Obama, après sa réélection, d'un *friendly*, ce qui se rapprocherait d'« amicalement », mais qui n'existe pas comme formule de politesse en anglais. Quel triste exemple pour les jeunes !

LES FRANÇAIS ET LES LANGUES ÉTRANGÈRES

Parler une langue étrangère relève de l'envie ou non de communiquer. Je n'adhère pas à l'idée générale qui prétend que les Français ne sont pas doués pour les langues. Chose étonnante, un Américain peut vivre trente ans à Paris sans parler le français, ce n'est pas un problème. Le même au Japon ne pourra jamais vivre trente ans à Tokyo sans parler le japonais. Si le Français a envie de communiquer, il apprend aussi facilement que n'importe quel habitant d'un autre pays. C'est le système d'enseignement qui est mauvais. Par contre, la France est dotée d'excellents professeurs de langues, passionnés et qui prennent des initiatives tout à fait louables comme organiser des voyages en Angleterre et dans des pays anglophones plus lointains. Ils font preuves d'innovation et de créativité. On ressent une véritable envie de partager la langue et la culture avec leurs élèves, même si l'on prétend que Français et Anglais ne s'apprécient pas.

Lors du compte rendu sur la politique linguistique en Europe en mars 1999, Jack Lang, alors ministre de la Culture, et le linguiste Claude Hagège ont dialogué sur l'apprentissage des langues en France « Quand et comment promouvoir le multilinguisme ? » s'est interrogé Claude Hagège. « Il faut enseigner très tôt – entre 4 et 7 ans au plus tard – des langues, et mener parallèlement une politique d'échanges massifs de professeurs venant enseigner dans leur langue maternelle. Il convient que des matières soient enseignées dans une langue étrangère pour obliger les élèves à apprendre la langue et susciter leur adhésion. La France n'a pas, contrairement aux pays du nord de l'Europe, de tradition d'apprentissage précoce des langues étrangères. Dans ces pays, l'anglais est enseigné depuis le premier âge et, à 15 ans, les enfants sont bilingues. » Hagège propose donc deux solutions possibles. « *Soit les pays européens se mettent d'accord pour introduire, avant la fin du primaire, deux langues vivantes à côté de la langue maternelle et, dans ce cas, le choix doit être le plus large et le plus libre possible. Soit ils rendent obligatoire une langue vivante ; dans cette hypothèse, cette langue ne devrait pas être l'anglais, mais une autre langue européenne. En effet, l'expérience montre que l'anglais est choisi comme seconde langue vivante de plus en plus souvent et constitue en conséquence une menace – contre laquelle il convient de réagir – de provincialisation, voire d'extermination, pour les autres langues européennes. »*

Ainsi raisonnent nombre d'intellectuels français, tétanisés à l'idée de voir le monde dominé par l'anglais, et responsable de la disparition de milliers de langues vernaculaires à travers la planète. Pourtant, ceux qui à cor et à cri défendent le français, ne se souviennent-ils pas qu'il a été la langue de la colonisation et de la marginalisation des langues « régionales » ? Pour quelle raison le gouvernement fait-il toujours appel à des linguistes pour résoudre le problème de l'enseignement des langues ? À force de toujours demander aux mêmes corps de métier des conseils sur l'enseignement des langues, les réponses resteront toujours les mêmes. J'ai une fois entendu la citation suivante qui résume bien ma pensée : « La linguistique est à l'apprentissage des langues, ce que la gynécologie est à l'amour. »

Contrecarrer à tout prix l'anglais ne freinera en rien son expansion presque naturelle, en particulier chez les jeunes en prise directe et quotidienne avec le monde grâce à Internet. Il est toutefois intéressant de rappeler que plus de 900 millions de personnes sont de langue maternelle chinoise et seulement 350 millions de langue maternelle anglaise. En 2050, il devrait y avoir plus de 1 milliard de locuteurs du chinois en langue maternelle, 556 millions parlant hindi et ourdou, 508 millions l'anglais. L'espagnol et l'arabe seront des langues maternelles parlées respectivement par 486 et 482 millions de personnes.

« *La mondialisation de l'anglais n'aura pas lieu comme on s'y attend* », précise David Graddol chercheur en linguistique à l'*Open University* de Grande-Bretagne dans son rapport *The future of English* (1997-1998), qui prédit ce qui, au niveau mondial, pourrait modifier les élans linguistiques : l'essor des échanges commerciaux avec l'Amérique latine, les pays arabes et l'Asie, des innovations techniques ou scientifiques émanant de pays non anglophones, un rejet de la culture américaine, etc. Internet a certes donné un coup de pouce à la diffusion de l'anglais, et si ce dernier a pris un tel essor, c'est parce que les technologies révolutionnaires de ces dernières décennies sont venues des États-Unis ou de pays anglophones. Le Web est un outil très efficace pour la majorité et aide au rapprochement des populations qui ne s'expriment pas forcément en anglais. Si le Web fournit un maximum d'informations et permet aussi de se distraire, la plupart des internautes souhaitent l'utiliser dans leur propre langue. Tout comme les téléspectateurs revendiquent d'avoir des programmes de télévision dans leur langue. La France n'a pas a priori à craindre cette prétendue mondialisation qui obsède certains linguistes.

Le problème de notre pays réside dans son incapacité à enseigner correctement les langues en général, et l'anglais en particulier. En revanche, Claude Hagège a raison lorsqu'il dit que « l'avenir de l'Europe est au multilinguisme parce que telle est sa tradition, son histoire... C'est pourquoi je plaide dans le cadre européen pour une éducation scolaire qui intégrerait un enseignement bilingue dès le plus jeune âge ». Cette phrase résonne pour moi comme une évidence.

LE POURQUOI D'UN ANGLAIS UNIVERSEL, ÉLU LANGUE OFFICIELLE DANS 75 PAYS...

C'est une erreur monumentale de vouloir opposer les langues. Une langue ne vient pas en substitution d'une autre. Mais en complément. L'enseignement des langues étrangères ne doit pas s'opposer aux langues régionales ni au latin et au grec, mais il faudrait savoir doser chacune de ces matières. Ce qu'il faut peut-être chercher à comprendre, c'est pourquoi l'anglais a atteint cette universalité. Plutôt que le critiquer ou même lutter contre son expansion, ne vaudrait-il pas mieux le considérer sous son aspect le plus positif, c'est-à-dire un lien entre les peuples, un moyen de communication, quel que soit l'endroit de la planète où l'on se trouve. On m'a souvent demandé pourquoi enseigner l'anglais aux enfants. À l'évidence, l'anglais dans le monde d'aujourd'hui est tout simplement indispensable. Rien n'empêche, par la suite, d'apprendre une troisième, une quatrième langue. Étudier de nombreuses langues est une chose, apprendre l'anglais en est une autre. L'anglais ne devrait plus être une langue « étrangère ». J'ai entendu des enfants de 6 ans me dire qu'en apprenant l'anglais, ils s'assuraient d'avoir plus tard un meilleur métier. En répétant sans cesse que l'anglais est la langue de Shakespeare, on place la barre très haut : l'anglais est aussi la langue utilisée par H&M avec ses ouvriers au Bangladesh, celle utilisée dans tous les manuels techniques d'Air France d'autres pays qui ont connu une influence de la langue anglaise, comme les Émirats du golfe Persique, l'Égypte ou d'autres, souvent protectorats de la Grande-Bretagne. Les pays pratiquant une langue nationale qui n'existe nulle part ailleurs ont choisi l'anglais pour leurs relations avec l'étranger. Ainsi, les Pays-Bas ou la Scandinavie ont choisi l'anglais comme moyen de diffusion. Il est à noter que dès lors que l'anglais est adopté délibérément, la langue nationale ne se sent pas menacée, ce qui n'est pas le cas avec les Français.

Et c'est très décourageant pour ceux qui veulent l'apprendre. Shakespeare, sans jamais avoir été à l'université, a d'ailleurs beaucoup contribué à la modernisation de la langue anglaise. Je suis pour une démocratisation de l'anglais. Si les élèves de la Seine-Saint-Denis connaissaient l'anglais, ils trouveraient sans doute plus facilement du travail.

L'anglais s'est imposé comme langue universelle, car à la base c'est une langue orale, un salmigondis constitué des langues d'Europe du Nord, puis du latin et du grec, enfin du français. L'anglais c'est 800 000 mots, un vocabulaire qui s'est construit au fil du temps et des échanges, dont près de la moitié est un vocabulaire technique. Sa grammaire complète est constituée d'environ 50 règles, en comparaison des 40 règles de base de vocabulaire de la langue française. C'est une langue très accessible, facile et synthétique utilisant l'alphabet latin, le plus universel, court et simple. En outre, en anglais, l'alphabet latin présente sa forme la plus « propre », avec seulement 26 lettres de base. La conjugaison des verbes est très simple. Même pour les verbes irréguliers, il y a peu de variation pour les différentes personnes.

Les facteurs de son internationalisation liés à l'histoire sont détaillés au chapitre « Une langue internationale ». Rappelons rapidement que les Anglais ayant été pendant plusieurs siècles les plus importants commerçants à travers le monde, leur langue a été très tôt utilisée comme moyen d'échanges commerciaux. Puis, avec l'exportation intensive des pièces de théâtre de Shakespeare, c'est aussi une manière de penser et d'aborder le monde qui s'est répandue. Et après la Première Guerre mondiale, il est devenu la langue de la diplomatie. Avec sa puissance coloniale, le Royaume-Uni a répandu sa langue dans toutes les colonies de l'Empire. Après le départ des colonisateurs, la langue, elle, est restée. Après la Seconde Guerre mondiale, il y a eu une forte influence américaine et dans les années 1970 avec les mouvements comme Woodstock, la culture américaine s'est imposée. Au XXe siècle, la musique, avec entre autres les Beatles et les Rolling Stones, a joué un rôle crucial en imposant l'anglais à des générations entières de jeunes et de moins jeunes. Dans la seconde moitié du XXe siècle, l'utilisation de l'anglais international a été renforcée par la prééminence économique, financière, scientifique, militaire et culturelle des pays anglo-saxons et en particulier des États-Unis. Aujourd'hui, plus de la moitié de toutes les revues scientifiques sont publiées en anglais. Jusque dans les années 1990, les jeunes rêvaient d'aller aux États-Unis, à présent ils partent davantage au Canada ou en Australie. Aujourd'hui, dans un grand nombre de pays, la deuxième langue, l'anglais, est aussi importante que la langue native. Elle est la langue officielle dans 75 pays pour plus de 2 milliards de personnes et elle est parlée comme langue étrangère par 750 millions de personnes.

Apprendre une langue, ce n'est pas seulement connaître la grammaire et posséder un maximum de vocabulaire pour une conversation courante, c'est aussi l'apprentissage d'une musicalité et d'une tournure d'esprit. L'anglais et le français sont prosodiquement très différents. L'anglais est une langue très musicale, caractérisée par de fortes variations de hauteurs et couvrant une large tessiture. Pour les Français, dont la tessiture est restreinte, le rythme et les tons mélodiques de l'anglais sont un terrible écueil que la pratique orale dès le plus jeune âge permet d'éviter.

Je constate la fascination de certains Français pour l'humour anglais. Il est indissociable d'une bonne connaissance de la langue. Cet humour vient d'ailleurs d'un humour très français qui est de « faire de l'esprit », très prisé au XVIIIe siècle. Accéder à une langue, c'est bien sûr entrer dans sa culture et sa tournure d'esprit, une autre façon de voir les choses. Par exemple, si vous demandez à quelqu'un de plier une feuille en deux, certaines cultures la plieront dans le sens de la longueur, d'autres dans le sens de la largeur. J'ai souvent entendu des gens dire de moi en France « Ah oui, c'est vrai, il est Anglais », ou, à l'inverse, en Angleterre, « Oh yes, we forget he's French ». N'oublions pas que l'anglais n'est pas seulement une langue pour les affaires. C'est une manière d'être qui plaît aux Français. Les langues viennent avec la culture, le voyage, les échanges, une manière d'étoffer la matière linguistique. L'anglais est donc une langue qui voyage beaucoup plus que d'autres, tandis que le français est de moins en moins parlé. Il a régressé en Égypte, en Roumanie, au Liban, supplanté par l'anglais que les enfants apprennent souvent en première langue. Aujourd'hui, la vraie rivale de l'anglais est l'espagnol. Le français n'est pourtant pas en perdition. Il reste pour beaucoup la plus belle langue du monde, bien que trop difficile à maîtriser pour devenir une langue universelle. Il continue de véhiculer l'image de la culture et conserve un prestige presque élitiste. Le français est la 3e langue enseignée aux États-Unis et en Australie. C'est la 2e langue enseignée en Inde et en Chine. Le Koweït vient d'annoncer que la troisième langue du pays serait le français. Même à Lahore, au Pakistan, le centre culturel français reçoit chaque année plus de 5 000 étudiants désireux d'apprendre le français. Le français est tout de même la 10e langue la plus parlée au monde.

L'ouverture vers « Erasmus » a été une étape fondamentale dans la prise de conscience par les jeunes de la nécessité de parler des langues étrangères. Erasmus a éveillé la curiosité pour d'autres cultures et un besoin de partage. Il y a en France 300 000 étudiants Erasmus par an. Et ceci, grâce à la réforme qui en fit hurler plus d'un, de l'enseignement en anglais dans les universités. L'assimilation d'autres langues fut aussi une ouverture sur le monde du travail. En Espagne, il y a une demande de plus en plus importante pour l'apprentissage de l'allemand, car l'Allemagne recrute beaucoup d'Espagnols. En résumé, beaucoup de jeunes qui rayonnent à travers le monde le font en anglais.

LES FREINS À LA RÉFORME : RAPPORTS ENTERRÉS ET OPPOSITION SYNDICALE

L'apprentissage précoce, dont nous détaillerons au chapitre suivant les avantages du point de vue de notre pratique et du point de vue de la plupart des chercheurs, est une tendance générale en Europe, mais encore bien hésitante en France. La lecture du rapport de la Commission Guérini de 2003 sur l'enseignement est affligeante. « La France s'inscrit dans une tendance générale en Europe : l'apprentissage des langues vivantes à l'école, priorité des ministères successifs depuis 1989, a désormais dépassé le cap de l'expérimentation pour s'inscrire en discipline obligatoire dans les programmes scolaires. Toutefois, cette politique, dont la réussite est fortement conditionnée, reste encore hésitante et inaboutie. Le signe le plus manifeste en est l'incapacité à servir de bouclier pour contrer l'anglicisation galopante, alors même que l'ambition de l'école est d'ouvrir à l'altérité et de sensibiliser les élèves à la diversité des langues et des cultures. » Refréner à tout prix l'apprentissage de l'anglais est une obsession française !

« Ceci n'est ni un rapport ni une étude, mais un mode d'emploi pour des réformes urgentes et fondatrices. C'est un ensemble cohérent, dont chaque pièce est articulée avec les autres, dont chaque élément constitue la clé de la réussite du tout. » Ainsi commence le rapport Attali de 2008. Les clés d'une réforme devenue urgente de l'enseignement des langues en France ont été fournies par ce rapport qui impose l'anglais dès la maternelle et l'anglais maîtrisé dès l'âge de 10 ans. Il préconise de « repenser le socle commun des connaissances pour y ajouter le travail en groupe, l'anglais, l'informatique et l'économie ». L'Éducation nationale a défini un « socle commun des connaissances » qui s'articule autour de 7 piliers : la maîtrise de la langue française ; la pratique d'une langue vivante étrangère ; la connaissance des principaux éléments de mathématiques et la maîtrise d'une culture scientifique ; la possession d'une culture humaniste ; la maîtrise des techniques usuelles de l'information et de la communication ; l'acquisition des compétences sociales et civiques ; l'accession à l'autonomie et l'acquisition de l'esprit d'initiative. La maîtrise de ce socle est contrôlée en CE1, à la fin de l'école primaire, et au niveau du brevet des collèges. Dans ce socle, rien n'est dit sur la maîtrise d'Internet, la capacité à travailler en groupe, la maîtrise de l'anglais, le développement de la créativité ou l'apprentissage de l'économie. Tous ces objectifs doivent être introduits sans pour autant alourdir la charge scolaire des enfants. L'apprentissage de l'anglais et l'usage d'Internet doivent être développés massivement dès le primaire. Cet apprentissage d'Internet passe par la mise à disposition des outils, dont il sera question plus loin. Internet permet de privilégier davantage des méthodes d'enseignement susceptibles de développer la créativité, l'expérimentation et le travail de groupe. Il permet aussi de faciliter le développement d'aptitudes spécifiques (linguistiques, informatiques, artistiques, sportives, créatives) autant que les connaissances académiques, et de faire de l'échec une façon d'apprendre et non de punir.

Depuis, rien n'a bougé, ou presque. Ouvrir l'apprentissage des langues en primaire semble un véritable bouleversement dont le gouvernement paraît avoir peur... C'est tout un système éducatif à revoir et qui effraie comme si cela allait livrer la France aux étrangers, comme si le français allait y perdre son âme ! Vu de l'extérieur, il est assez sidérant de constater ce manque de vision/réalisme des décideurs français. Peur de l'autre, peur de perdre son identité. On ne retrouve absolument pas ces craintes en Angleterre, où il existe un grand esprit communautaire.

Tous sont d'accord, y compris Claude Hagège, la voix du gouvernement, pour dire que le cerveau de l'enfant est en formation jusqu'à l'âge de 6 ou 7 ans. Tout peut donc et doit être fait avant. Quand l'Éducation nationale en aura-t-elle pleinement conscience ? L'évolution est impérative tant l'enseignement des langues se porte mal en France, qu'il s'agisse de l'enseignement de la langue maternelle (trop nombreux sont les enfants qui ne savent pas lire à l'entrée en 6e) ou de celui des langues étrangères.

Une enquête conduite en 2002 sur les compétences en anglais des élèves âgés de 15 à 16 ans, dans sept pays européens, corrobore indéniablement ce fait, puisque les compétences des élèves français sont nettement inférieures à celles des élèves des six autres pays et que leurs compétences sont moins bonnes en 2002 qu'en 1996, quel que soit le domaine. Et si cet enseignement se porte plutôt mal, ne convient-il pas de s'interroger sur les formations et dispositifs formateurs des enseignants de langues ? Sont-elles adaptées et permettent-elles de former des enseignants qui sauront à leur tour apprendre à des élèves à s'exprimer à l'écrit et à l'oral dans leur propre langue et dans une ou plusieurs langues étrangères ? Et qui seront également capables de comprendre des messages écrits et oraux dans ces langues ? Afin de contrecarrer et compenser cette absence/pénurie dans le domaine de la formation, le dispositif français s'appuie sur le volontariat des maîtres. Pour les aider, ils se voient proposer des cassettes vidéo de la série « Sans frontières ». Une méthode qui date des années 1970 ! Un bien maigre palliatif de l'absence de formation et de validation de leurs compétences et de leur pédagogie des langues.

Un autre frein, et non des moindres, opposé aux réformes de fond, est celui des syndicats qui, par leur prise de position rétrograde, reportent sans cesse les échéances. Quand on pense qu'aucun des changements voulus entre 1989 et 1990 par Lionel Jospin pour des réformes structurées n'a été mis en place ! Davidenkoff s'inquiète de voir les syndicats refuser systématiquement toute réforme. Que chaque mesure tendant à réformer l'enseignement des langues en primaire soulève systématiquement de leur part un tollé ne répond qu'à une vision passéiste de l'école où les élèves sont laissés pour compte. Ils vont jusqu'à s'opposer à la formation des enseignants liée à l'éducation. C'est une réaction totalement obtuse. Digne d'un militantisme rétrograde.

« Une langue vous place dans un couloir pour la vie. Deux langues vous ouvrent toutes les portes le long du chemin »

Frank Smith

CHAPITRE 3

PRENDRE LE TRAIN EN MARCHE

LE RAPPORT AUX LANGUES A TOTALEMENT CHANGÉ DEPUIS LA TORNADE INTERNET

Pour la génération des enfants nés après 2000, Internet a totalement bouleversé l'accès aux langues et à la connaissance. Les enfants ont compris qu'ils trouvaient beaucoup plus d'informations en anglais sur le Web puisque c'est la langue la plus utilisée sur Internet. Elle représente plus de 80 % des données ! Et Internet est le moyen de communication le plus utilisé dans le monde du travail. En comprenant l'anglais, on peut avoir accès à un nombre illimité de ressources. De plus, il existe des liens de traduction simultanée. Le rapport aux langues a totalement changé depuis l'internationalisation des échanges. Les jeunes sont dans l'instantanéité. Il n'y a plus de travail de fond dans l'apprentissage. On va au plus simple, au plus facile, au plus rapide. À titre d'exemple, la mère d'un enfant de 3 ans m'expliquait que son fils tapait le mot « DOG » sur les moteurs de recherche et trouvait un choix plus vaste de coloriages de chien qu'en tapant le mot français ! Une fois la mère de cet enfant partie, je me suis demandé si elle avait relevé que son fils de 3 ans : 1) savait taper des mots (pas écrire, mais taper) et 2) qu'il allait sur des moteurs de recherches. Il n'y a plus d'utilité pour un enfant à faire des recherches par ordre alphabétique, ordre nécessaire à la recherche dans un dictionnaire. Il est beaucoup plus parlant et rapide d'aller voir sur le Web la langue la plus utilisée, la plus parlée. C'est ainsi qu'on peut juger du territoire d'une langue, de son occupation à l'échelle mondiale. Les Indiens comme les Américains ont compris d'emblée tout le potentiel qu'il y a derrière Internet.

Ils sont depuis longtemps plus en avance que nous, et de fait, l'hindi a dépassé le chinois ! Autre exemple révélateur qui traduit une situation bien différente de l'idée que nous nous faisons de notre pays et de sa place dans le monde : l'Azerbaïdjan, où certaines écoles sont mieux équipées que les nôtres dans bien des régions de France, qui ne connaissent ni Internet ni les tableaux interactifs.

Le système éducatif doit impérativement s'adapter aux nouvelles façons d'apprendre des enfants.

L'EXPLOSION DES COURS PRIVÉS FACE À LA DÉFAILLANCE DU SYSTÈME

Les organismes et instituts de langues privés se conforment à la référence du CECR, échelle européenne des niveaux en langues. À la fin du CM2, un enfant doit atteindre en anglais le niveau A1, c'est-à-dire qu'il doit comprendre et utiliser des expressions familières et quotidiennes, ainsi que des énoncés très simples qui visent à satisfaire des besoins concrets : savoir se présenter ou présenter quelqu'un et savoir poser à une personne des questions la concernant, par exemple sur son lieu d'habitation, ses relations, ce qui lui appartient, etc., et être capable de répondre au même type de questions ; enfin, savoir communiquer de façon simple si l'interlocuteur parle lentement et distinctement et se montre coopératif. Le niveau bac correspond à un niveau B2 ou 4e niveau sur l'échelle européenne, celui de « l'utilisateur indépendant » de l'anglais. C'est le niveau qu'on appelle généralement « anglais courant ». À ce stade, « l'étudiant doit être capable de comprendre le contenu essentiel de sujets concrets ou abstraits dans un texte complexe, y compris une discussion technique dans sa spécialité ; de communiquer avec un degré de spontanéité et d'aisance tel qu'une conversation avec un locuteur natif ne comportera aucune tension ; de s'exprimer de façon claire et détaillée sur une grande gamme de sujets, d'émettre un avis sur un sujet d'actualité et exposer les avantages et les inconvénients de différentes possibilités ». Voilà le niveau idéal d'un étudiant en fin de scolarité.

En réalité, en France, les étudiants arrivent au bac au niveau B1, dont voici une partie de la définition : « Se débrouiller, exprimer son opinion. L'élève peut comprendre des points essentiels quand la langue est claire et lorsqu'il s'agit de sujets familiers relatifs au travail, à l'école, aux loisirs, etc. Il peut comprendre l'essentiel de nombreuses émissions de radio ou de télévision sur l'actualité ou sur des sujets qui l'intéressent à titre personnel ou professionnel si l'interlocuteur parle lentement et de manière distincte. »

Faut-il préciser que dans la vraie vie les gens ne parlent pas de manière lente et distincte, sauf à un attardé mental. Les notions de télévision et de radio situent un peu l'époque de la rédaction de cette définition.

L'équation est donc la suivante : on occupe les élèves durant 1 000 heures de leur scolarité à leur faire croire qu'ils apprennent une langue. D'après les statistiques, un élève va parler dix-sept minutes au cours de toute sa scolarité ! Car on ne lui propose que de l'écrit et des règles à apprendre par cœur. Le système éducatif actuel en France ne permet pas aux élèves d'atteindre le niveau indispensable pour les échanges de la vie active.

Pour pallier les graves lacunes en question, les parents sont contraints d'avoir recours à des instituts privés de langues ou des stages à l'étranger. Est-il normal que les familles payent des cours privés supplémentaires pour un enseignement qui devrait être acquis à l'école ?

Est-il également normal que l'État impose à ces instituts une TVA à 20 % sur les cours de langues ? Cela paraît une totale hérésie vu l'indigence de l'enseignement linguistique dans les écoles et accentue les écarts sociaux dans l'accessibilité aux cours de langues.

Autre aspect incompréhensible de la réglementation française : il existe des visas spécifiques par catégorie de métier. Par exemple, un visa médecin, pour qu'un médecin étranger puisse pratiquer en France. En revanche, il n'existe pas de visa enseignant.

J'ai, par exemple reçu une jeune enseignante canadienne très talentueuse qui aurait été une excellente pédagogue... Mais je n'avais pas le droit de la faire travailler ! C'est une aberration ! Il aurait fallu prouver que j'avais placé une annonce pendant six mois à Pôle emploi sans trouver de candidat pour avoir le droit d'embaucher une étrangère non européenne, en payant de surcroît des taxes sur cette embauche ! Dans toute annonce d'offre d'emploi, il est interdit de stipuler « de langue maternelle », car ceci est considéré comme discriminatoire !

Dans les bureaux régionaux de l'emploi existe un département « travailleurs étrangers ». Rares sont les employeurs à s'y rendre. Clairement, en France, travailleur étranger = « travailleur clandestin ». J'ai vécu cette situation plusieurs fois.

La loi Bayrou autorisait à faire appel à des intervenants extérieurs, français ou étrangers, pendant la mise en place des nouveaux moyens d'apprentissage. Cette disposition fut discrètement supprimée au début des années 2000, mais de retour avec les réformes des rythmes scolaires de janvier 2013 et des temps d'activité périscolaire (TAP). Indirectement, ces temps d'activité périscolaire permettent aux parents et municipalités de mettre en place des ateliers de tous types et notamment d'apprentissage de langues étrangères.

Il est donc à noter que les Français parlent l'anglais au travail, dans la rue, dans certaines universités et grandes écoles, mais pas dans les salles de classe.

L'APPROCHE IDÉALE : L'APPRENTISSAGE PRÉCOCE ET LE BILINGUISME

Les vols à bas coûts, les stages, les échanges Erasmus, les partenariats des écoles et des campus (campus : mot d'origine latine, qui est parti aux USA pour qualifier un complexe universitaire et qui est revenu en France) ont transformé la vie des Français, de plus en plus mobiles, dans les faits et dans leur tête. Sans oublier les réseaux sociaux tels Facebook, Internet, etc. « Le train est en marche » dit Davidenkoff. Et le train va de plus en plus vite pour une majorité de jeunes Français. Je suis stupéfait de voir à Londres le nombre de jeunes Espagnols qui, poussés par la crise économique, viennent travailler en Angleterre, ou en Allemagne. C'est donc de la responsabilité de l'Éducation nationale d'armer les Français pour qu'ils puissent partir et s'établir hors de leur pays.

On a beaucoup écrit sur l'apprentissage précoce des langues et sur tous les tons, tour à tour enthousiaste, inquiet ou profondément angoissé. Dès lors, comment y voir clair dans le débat relatif à l'apprentissage précoce ou à celui relatif au bilinguisme ? Certaines personnes contestent le bien-fondé d'un tel apprentissage. Un point est donc indispensable sur les conditions nécessaires à la réussite de cet enseignement, sur ses avantages et ses enjeux...

Plus l'apprentissage d'une langue étrangère sera précoce, mieux ce sera pour l'enfant. À 3 ans, il a toute la souplesse intellectuelle pour imiter, apprendre, se fondre dans la langue et la culture de l'autre. À la maternelle, il apprend la langue étrangère en chantant, en jouant, en réalisant des objets... sans effort. Sur le mode ludique. C'est un moment exceptionnel où l'enfant est disponible pour emmagasiner de nombreuses connaissances. Il répète les sons qu'il ne connaît pas dans sa langue. Il répète sans accent. Il le fait par plaisir. Il a une capacité d'imprégnation tout à fait exceptionnelle, mais de courte durée.

« *Comprendre ce qui se passe dans le cerveau des enfants bilingues a été mon premier déclic* », explique Céline Alvarez, jeune chercheuse qui a bouleversé le mode d'éveil et d'enseignement des tout-petits en classe maternelle. Son approche efficace et juste met en avant l'autonomie et la confiance chez l'enfant, qui apprend à son rythme vis-à-vis de lui-même et des autres. « *L'être humain possède un potentiel inné pour penser, créer, partager..., le système scolaire l'empêche d'émerger* ». L'Éducation nationale n'a pas donné suite à son expérience de trois ans dans une école. Le problème est bien là. « L'école a été construite sur des traditions, des valeurs, mais pas sur des connaissances scientifiques, ni sur les principes naturels d'apprentissage. » Je suis heureux de savoir que depuis le temps que je suis le travail de Céline Alvarez, son livre *Les lois naturelles de l'enfant* ait rencontré un tel succès auprès du public.

Dans les pays qui proposent l'apprentissage d'une langue étrangère dès la maternelle, comme le Liban ou l'Égypte (écoles privées), l'Italie et la France dans certaines de leurs régions

(Vallée d'Aoste, Alsace...), c'est l'option du bilinguisme qui a été choisie. C'est-à-dire que les activités scolaires se font en général à parité dans la langue maternelle et dans la langue étrangère. La langue étrangère n'est donc pas apprise pour elle-même, mais elle est le vecteur d'enseignements disciplinaires. Elle a ainsi un sens. Elle permet l'accès à certaines connaissances.

Bien entendu, il ne suffit pas de commencer à apprendre la langue dès l'âge de 3 ans. Il faut poursuivre cet apprentissage tout au long du cursus primaire. Si l'on veut que l'enfant soit réellement bilingue, il est nécessaire de lui proposer un enseignement dans sa langue et dans la langue étrangère durant toute sa scolarité primaire. Cette éducation bilingue ne représente pas de surcharge de travail, car on ne propose pas de cours supplémentaires par rapport à l'emploi du temps classique, mais seulement des enseignements disciplinaires dans la langue étrangère. Certains pays ont choisi d'enseigner les disciplines littéraires en langue étrangère (écoles bilingues en Roumanie, en Allemagne...), d'autres les disciplines scientifiques (écoles bilingues au Vietnam, en Égypte, en Moldavie...), d'autres l'éducation physique (Seychelles) ou les disciplines artistiques... Une seconde langue étrangère est rapidement introduite dans le cursus, en fin de primaire ou dès la première année du secondaire, ce qui fait que l'élève est trilingue à l'issue de son cursus.

Voici donc rapidement présentées les conditions idéales d'un enseignement bilingue. Rien à voir avec l'exposition homéopathique à la langue étrangère qui est proposée aux enfants du primaire en France. Dans ce cas, il ne s'agit pas bien sûr d'éducation bilingue. Je ne soulignerai pas ici la frilosité de notre politique en matière d'enseignement précoce des langues. Je l'ai suffisamment fait dans les pages précédentes. Je voudrais seulement insister sur les avantages cognitifs d'une véritable éducation bilingue. L'un des résultats les plus positifs, d'ailleurs finement analysé par Claude Hagège (1996), est que le jeune enfant est capable d'entendre et de reproduire à l'identique des sons inconnus de sa langue maternelle et qu'il n'en sera plus capable à l'âge de 10 ans. L'enfant qui aura appris très tôt une langue étrangère n'aura donc pas d'accent. On entre plus facilement dans une langue étrangère lorsqu'on est tout petit et confiant. Le jeune enfant n'est pas encore inhibé par la crainte du brouillage de son image sociale, ni affecté par une construction identitaire délicate. Dès la préadolescence, l'enfant supporte plus difficilement la différence et le regard de l'autre, que l'on imagine délibérément critique.

« *TO BE OR NOT TO BE-LINGUE* »

Le bilinguisme, c'est un peu l'histoire de ma vie. Né en France, à Valenciennes, de mère anglaise et de père français, j'ai rejoint l'Angleterre à l'âge de 3 ans, où j'ai baigné dans une culture totalement internationale et bilingue en faisant mes études au lycée français de Londres. Quand je suis revenu en France, à l'âge 14 ans, j'ai commencé à avoir une vraie réflexion sur le bilinguisme, notamment sur les différences linguistiques et culturelles existant entre mes deux pays d'origine. En France, j'étais persuadé d'avoir de bons résultats en anglais. Or, ma première note en anglais a été zéro, car le thème portait sur les verbes irréguliers que je ne « connaissais » pas. Car un Anglais n'« apprend » jamais les verbes irréguliers, sa connaissance est intuitive. Ma prononciation anglaise ne m'avantageait pas, suscitant rires et moqueries. Par la suite, trois mois passés à la faculté d'anglais de Lille m'ont fait prendre conscience que ce ne serait certainement pas l'anglais qui m'aiderait à passer en deuxième année ! Trente ans à observer les désastres d'une telle arrogance...

Pourtant, nous l'avons souligné, grâce au numérique et aux nouvelles méthodes pédagogiques, il est possible de complètement changer la donne. Ainsi, en Angleterre, dès le primaire, les enfants sont sensibilisés au monde de l'entreprise, ce qui n'est même pas imaginable en France. Pourquoi ne pas envisager des cours de sport en anglais ? La compétition sportive est différente en Angleterre et complémentaire de la française, donc cela peut être instructif et ludique. Il est grand temps de changer.

Les ouvrages sur le bilinguisme écrits par des linguistes restent théoriques, car certains auteurs n'ont pas d'expérience personnelle du bilinguisme. Être bilingue, c'est à la fois posséder deux langues ET deux cultures ; alors qu'être bilangue, c'est parler couramment deux langues.

Dans un couple bilingue, il est nécessaire que chacun respecte sa langue : le père français ne doit pas parler anglais à ses enfants. En effet, souvent, les parents finissent par ne parler à l'enfant qu'une seule langue, par facilité. Au contraire, s'ils persistent à s'adresser à l'enfant chacun dans leur langue, ce dernier deviendra naturellement bilingue. J'ai élevé mes enfants en France de cette façon en ne leur parlant qu'en anglais, et mon épouse en français. Par la suite, nous avons passé un an en Australie pour les familiariser et les mettre en situation d'immersion linguistique totale.

Au retour, j'ai inscrit mon troisième enfant en 6e dans une école bilingue. Le jour de la rentrée, le directeur de l'école a mis tous les élèves dans la cour pour les répartir par groupes linguistiques. Les enfants de langue maternelle française à gauche, ceux de langue maternelle anglaise à droite. Mon fils s'est retrouvé tout seul au milieu de la cour. Le directeur lui a demandé pourquoi il restait là. Il a répondu qu'il n'était pas de langue maternelle, mais de langue paternelle... ! On devrait donc plutôt employer le mot de langue « affective ».

Avant Jules Ferry et ses lois sur la langue unique, la plupart des Français étaient bilingues. C'est ce qu'on appelle le bilinguisme familial. Dans le cas de l'Alsace par exemple, cela fait partie de la tradition, tout comme dans les régions de France qui ont conservé leur langue régionale. En Alsace, les enfants sont formés au bilinguisme en assistant à des cours en français et en alsacien. Le véritable bilinguisme est le fruit d'un enseignement de toutes les matières dans une langue, associé à un bain linguistique où l'environnement joue un rôle prépondérant.

Le bilinguisme s'est à nouveau développé lors des grandes vagues d'immigration après la Seconde Guerre mondiale. Les deux parents étaient par exemple italiens ou portugais, mais cherchant à tout prix à s'intégrer, ils ne souhaitaient pas forcément transmettre leur langue maternelle à leurs enfants. L'objectif était clair. **Peut-on alors parler de bilinguisme ?**

LES VERTUS DU BILINGUISME VUES PAR LES CHERCHEURS

En 1962, l'étude de E. Peal et W. E. Lambert a été la première à proposer une méthodologie comparative rigoureuse entre bilingues et monolingues, avec une définition claire du bilinguisme. E. Bialystok (1991) a montré que les enfants bilingues développaient davantage les processus de contrôle cognitif que les monolingues : les tâches impliquant une analyse des informations et leur mise en lien étaient mieux traitées par les bilingues. Les études s'accordent pour conclure (J. F. Hamers et M. Blanc, 2003 ; E. Bialystok, 1991) que la coexistence de deux systèmes linguistiques génère des connaissances d'un troisième ordre avec de meilleures capacités métalinguistiques, soit une meilleure conscience phonologique et de meilleures aptitudes dans les jugements de grammaticalité, ou encore dans les tâches de catégorisation. Peal et Lambert (1962) ont comparé, à Montréal, les résultats à des tests d'intelligence verbale et non verbale d'enfants bilingues français-anglais et d'enfants monolingues, âgés de 10 ans. Ils ont constaté une supériorité intellectuelle des bilingues qu'ils attribuent à une grande « flexibilité cognitive » résultant de l'habitude de passer d'un système de symboles à l'autre. Ces avantages cognitifs liés au développement bilingue se retrouvent au niveau des tâches créatives, des habiletés métalinguistiques et de la créativité verbale.

Dès la vie intra-utérine, les bébés entendent. Ils disposent d'une remarquable sensibilité auditive qui leur permet de distinguer tous les sons des langues. Ce qu'ils en perçoivent est la prosodie de la langue, son rythme et ses intonations. On pourrait presque parler d'oreille universelle. Exposés à une grande diversité de sons et de langues à cette époque de la vie, ils pourraient reproduire n'importe quel son. En étudiant l'acquisition de la phonologie chez un enfant qui acquiert le langage dans un milieu bilingue, on a pu mettre en évidence que la capacité à distinguer à quelle langue appartiennent des signaux acoustiques différents émerge très tôt. L'enfant est ainsi capable de différencier sa langue maternelle d'une autre langue, c'est-à-dire avant 1 an, lorsque les phonèmes du langage commencent à se mettre en place.

Ainsi, indiscutablement, plus l'exposition à une langue est précoce, plus son apprentissage est aisé. Il est donc préférable de favoriser la mise en place de deux langues dans la période où l'enfant structure son langage. La grande plasticité au niveau des apprentissages favorise l'accès aux langues. De plus, les bilingues précoces bénéficient de leur condition d'enfants moins inhibés et peu influencés par la crainte de se tromper, qui opère davantage à l'adolescence. Il y aurait un bénéfice social indéniable à promouvoir le bilinguisme et les langues familiales des migrants, à partir du moment où l'on admet que le plurilinguisme est un atout.

Les lois Sarkozy sur l'immigration et l'intégration promulguées à l'automne 2006 ont imposé aux enfants étrangers de parler français afin de faciliter leur droit au séjour en territoire français. Déjà, en janvier 2005, le rapport Bénisti incitait les mères de ces enfants à leur parler français, même si elles ne maîtrisaient pas bien la langue. Ces contraintes ont provoqué chez l'enfant une dévalorisation de sa langue maternelle et, de ce fait, entaché son statut. Une situation qui rend difficile la construction harmonieuse des enfants dans leur appartenance à deux cultures, à deux représentations du monde.

On a aussi constaté que l'introduction d'une langue seconde à un âge précoce entraîne de meilleures performances en langue maternelle à condition que la compétence en langue maternelle soit déjà élevée au moment de l'exposition à la langue seconde, ceci a été démontré par le Professeur Jim Cummins en 1979, qu'il appelait la théorie de l'iceberg. Cette théorie définit le fait qu'en apparence, les langues sont détachées mais que le cerveau utilise la même façon de mémoriser une langue. Je trouve cette théorie très intéressante, car c'est l'illustration que les gens ont raison de penser qu'il est plus facile d'apprendre d'autres langues lorsqu'on est bilingue. De même, une comparaison entre des enfants bilingues franco-arabes et des enfants monolingues scolarisés dans une même école française et appartenant au même milieu socioculturel a montré que les enfants bilingues avaient des résultats supérieurs en français et en mathématique (D. Groux, L. Porcher, 1998). Ce dernier constat vient nuancer les conclusions de certains chercheurs comme W. Lambert (1977) selon qui le rapport entre les statuts respectifs des deux langues du bilingue détermine l'évolution de la bilingualité. L'avantage cognitif lié au développement bilingue se retrouverait surtout chez les enfants d'une communauté dominante qui sont scolarisés dans une langue moins prestigieuse. C'est ce qu'on nomme le bilinguisme additif. La forme soustractive se retrouverait surtout chez les enfants de minorités ethnolinguistiques. Ce serait donc le rapport entre les statuts respectifs des deux langues qui déterminerait l'évolution de la bilingualité. Cependant, et j'insiste sur ce point, les enfants bilingues, issus de l'immigration, qui ont la possibilité de pratiquer leurs deux langues dans le système scolaire, ont des résultats supérieurs à ceux de leurs congénères monolingues (pour qui le français est la seule langue d'enseignement).

Tous les chercheurs qui se sont intéressés au bilinguisme ont reconnu la grande plasticité du cerveau jeune, capable d'acquérir de nouveaux mécanismes linguistiques, que l'adulte ne possède plus au même degré. Pour un cerveau jeune, l'acquisition de deux ou trois langues n'est pas plus difficile que celle d'une seule. Et il n'est pas nécessaire qu'il y ait traduction ou enseignement, car la langue étrangère s'acquiert spontanément jusqu'à l'âge de 6 ou 7 ans si l'enfant est immergé dans un milieu où l'on parle une autre langue que la langue maternelle, ou les deux langues. Le bilinguisme institutionnel peut représenter ce milieu favorable à l'apprentissage spontané et simultané de deux langues.

La mémoire des personnes parlant plusieurs langues est stimulée et leur mode de raisonnement est développé. Les risques de maladie d'Alzheimer diminuent (ou du moins sont retardés). Parler deux langues étrangères ou, mieux encore, trois ou quatre... développe les aptitudes intellectuelles : le cerveau des personnes multilingues interprète beaucoup plus facilement (presque automatiquement) le sens des mots que celui d'une personne unilingue. Être bilingue permet d'être plus attentif et polyvalent dans l'exécution des tâches du quotidien. Enfin, il convient de souligner l'importance de l'apprentissage précoce des langues sur le plan de la personnalité. En effet, comment mieux éduquer l'enfant à l'altérité sinon en lui proposant un enseignement des langues étrangères dès son plus jeune âge ? En découvrant très tôt une autre langue et une autre culture, l'enfant va acquérir une ouverture intellectuelle et aura de meilleures chances de comprendre les autres. Il sera aussi plus curieux et plus ouvert au monde extérieur.

On a longtemps accusé le bilinguisme de provoquer la confusion, voire l'abâtardissement, notamment dans les années 1920 en Allemagne et en France, pays monolingues. Je ne me suis jamais senti Français, bien que né en France. Quant à ma sœur, elle a du mal à établir son identité. Elle n'a pas su pendant longtemps si elle était Anglaise ou Française. L'éducation bilingue est souvent très mal comprise, car l'environnement soulève parfois la question de l'identité de l'enfant et de sa position entre deux langues et deux cultures. Si l'enfant n'a pas une perception claire de son identité, il va mélanger les deux langues et aura un problème de racines. Il peut éprouver d'énormes frustrations et une réelle déchirure entre ses deux cultures. Être bilingue relève d'un ressenti très particulier. Il y a deux personnalités en soi qui se côtoient. Le regard des autres l'accentue. On n'est ni Anglais pour les Anglais, ni Français pour les Français.

Deux chercheurs, le Français J. Ronjat et l'Allemand W. Léopold, ont produit au début du XXe siècle les premières études précises et détaillées sur le développement du bilinguisme. Leur principe de base : un parent, une langue. Pourtant, aujourd'hui encore, l'école a parfois tendance à stigmatiser le bilinguisme, évoquant des troubles du langage sans prendre en compte la dimension positive de la bilingualité. Les seules personnes pouvant penser que le bilinguisme (ou plurilinguisme) puisse être un handicap sont celles qui ne le sont pas. On ne se poserait pas la question s'il s'agissait de connaissance pure. Serait-ce un handicap d'être à la fois un spécialiste en histoire de l'art coréen et professeur de mathématiques ? Il en va de même pour les langues.

En France, il y a de plus en plus de familles bilingues. Cette dimension plurilingue n'est plus une incongruité, mais un bénéfice cognitif, comportemental et humain.

« …La langue est faite pour être communiquée, donc pour être comprise, déchiffrée… »

Pierre Bourdieu

CHAPITRE 4

CE QUE PARLER VEUT DIRE

LE SÉSAME POUR S'INTÉGRER À UN MONDE EN PERPÉTUEL CHANGEMENT

Les langues étrangères représentent aujourd'hui un atout important sur le plan humain, mais aussi sur le plan social. On sait, pour avoir lu l'article *L'économie des échanges linguistiques* de Pierre Bourdieu, ce que parler veut dire. Les langues confèrent un pouvoir symbolique important à ceux qui les parlent. Bourdieu a analysé la question de la maîtrise de la langue, et ses idées peuvent s'appliquer à la maîtrise de plusieurs langues. On peut utiliser ses notions de *capital linguistique* et *de capital social*. La compétence en langues étrangères apporte au locuteur un capital linguistique qui le conduit à la maîtrise d'un capital culturel et social incontestable, une reconnaissance sociale et un pouvoir symbolique fort. Les classes privilégiées l'ont d'ailleurs bien compris qui investissent sans compter dans les séjours linguistiques à l'étranger pour leurs enfants. Il est donc important de proposer à tous les enfants la possibilité de maîtriser, le plus tôt possible, des langues étrangères pour qu'ils puissent avoir une chance de s'intégrer à un monde en perpétuel changement et pour qu'ils puissent mieux le comprendre. En maîtrisant une deuxième langue étrangère à l'âge de 10 ans, la méthodologie « naturelle » d'apprentissage d'une autre langue est acquise et permet d'en apprendre plus facilement d'autres (la théorie de l'iceberg vue plus haut). Cela permet par la suite une plus grande ouverture culturelle et une meilleure compréhension de l'autre. L'un des principes de l'éducation bilingue permet à l'individu de parler deux langues en même temps, donc de pouvoir en entendre deux simultanément et donc, de suivre deux conversations. En tant que bilingue, j'entends souvent les gens me dire « ah ! vous savez donc parler deux langues naturellement ? », souvent suivi par « ce n'est pas juste » (petit clin d'œil), mais jamais personne ne m'a fait remarquer que je savais suivre deux conversations simultanément. Bien évidemment, la maîtrise d'une deuxième langue jeune libère beaucoup de temps à l'adolescence pour apprendre d'autres notions.

J'émets donc le souhait d'un enseignement bilingue pour tous dès la maternelle, à l'exemple de ce qui se fait depuis de nombreuses années au Luxembourg. Les écoles y pratiquent même, dès le primaire, l'éducation trilingue (luxembourgeois, français, allemand), à laquelle il faut ajouter l'anglais dès le secondaire. Ce choix est intéressant parce qu'il montre une volonté de s'inscrire à la fois dans le patrimonial (luxembourgeois) et dans l'international (sans le limiter à l'anglais). Il n'est pas question de renoncer à son identité, à ses spécificités culturelles, mais cet ancrage permet de se tourner aussi vers les autres et vers le monde.

On peut mettre en place cet enseignement dans d'autres pays. Il peut être mis en place en France dès lors que les responsables éducatifs (les ministres de l'Éducation et leurs conseillers) seront convaincus de l'intérêt de former des enfants plurilingues et pluriculturels, que des moyens financiers seront dégagés (une école bilingue coûte une fois et demie plus cher qu'une école monolingue), que des formations d'enseignants seront mises en œuvre. En ce sens, la mondialisation représente un formidable espoir pour le plurilinguisme et le pluriculturalisme.

LA CLASSE DE LANGUE DÈS L'ÂGE DE 2 ANS ! PRINCIPES DE BASE

De 0 à 6 ans, l'enfant absorbe tout et tout sera figé à vie. Donc de 2 à 5 ans, on peut accomplir un travail formidable sur l'envie de communiquer et la reconnaissance des sons. Les efforts faits dans ce domaine avant l'âge de 18 mois en dehors de la maison sont un leurre, en centre, il faut commencer aux environs de 2 ans. C'est un moyen pour faciliter chez l'enfant la prise de parole et l'expression individuelle, jamais évidentes chez les Français qui rechignent toujours à parler en public.

On peut ainsi classer les différents sons :

Les voyelles courtes

- fifteen (quinze), fish (poisson), chips (copeaux)
- men (hommes), to let (laisser)
- man (homme), cat (chat)
- hot (chaud)
- goods (marchandises), to put (mettre)
- sun (soleil), drunk (ivre)
- sister (sœur), the dog (le chien)

Voyelles longues

- sea (mer), to read (lire)
- car (voiture), dark (sombre)
- wall (mur), law (loi)
- moon (lune)
- first (premier), bird (oiseau)

Diphtongues

- **five** (cinq), **high** (haut)
- **snake** (serpent), **name** (nom), **Shakespeare**
- **oil** (huile), **boy** (garçon)
- **cow** (vache), to **count** (compter)
- **road** (route), **old** (vieux)
- **hair** (cheveux), **bear** (ours)
- **beer** (bière)
- **poor** (pauvre)

Triphtongues

- **fire** (feu), **liar** (menteur)
- **flour** (farine), **flower** (fleur)
- **layer** (couche), **player** (joueur)

À partir du moment où les sons sont acquis, notre méthode pédagogique consiste à montrer à l'enfant de 7 ans comment s'écrivent les sons/les mots. Prenons l'exemple de ces cinq mots au son identique : *for, four, door, law, strawberry.* Si à la base, le son n'a pas été identifié avant l'orthographe, c'est difficilement rattrapable par la suite, voire impossible. Le son « or » est facile à entendre et à prononcer pour un Français ; en revanche, si le son « aw » est d'abord découvert à l'écrit, c'est la catastrophe ! Idem pour les mots similaires au français qui se prononcent en deux syllabes comme « chocolate » (CHOK/LATE) ou « comfortable » (...). L'anglais doit s'apprendre comme une langue maternelle, naturellement, sans se poser de question sur le pourquoi de la différence d'orthographe pour un même son. Aucun Français ne s'interroge sur la différence d'orthographe entre *mer, mère et maire.* Un enfant qui a eu l'habitude d'entendre les sons de la langue anglaise qui sont majoritairement différents de ceux de la langue française, et les a acquis, ne se pose pas la question de la différence d'orthographe. Alors que si l'on enseigne d'emblée l'orthographe d'un mot à un enfant de 11 ans en 6e, jamais il ne saura le prononcer correctement. Un enfant qui a commencé à apprendre une langue étrangère vers 3 ou 4 ans parlera sans accent. À 12 ans, il est déjà bien trop tard. J'estime d'ailleurs qu'il est beaucoup trop tard dans l'évolution d'un enfant de commencer une deuxième langue à l'âge de 10-12 ans et je préconise aussi de s'ouvrir à d'autres cultures.

Dans une langue maternelle, la première chose que l'enfant retient ce sont les mots de liaison. Dans *Bob's pen*, par exemple, l'enfant enregistre le principe de combinaison grâce au son « z » de l'apostrophe s. Ce n'est ni « Bob » ni « pen » qu'il mémorisera, ce serait trop simple ! De plus, avec les très jeunes enfants, il est inutile de traduire puisqu'il suffit qu'ils regardent les images, les gestes, les expressions du visage, comprennent les situations... Je suis partisan d'apprendre une langue par les phrases plutôt que par les mots. Apprendre en traduisant est bien ce qui plombe l'enseignement des langues. Pour faciliter leur apprentissage, les jeunes enfants ont besoin d'avoir une relation chaleureuse et affective avec la langue dans un environnement qui s'y prête. Les enfants qui ont bénéficié d'une nourrice étrangère à la maison se révèlent bien meilleurs en langues et sont naturellement portés à parler une langue étrangère. L'important est de susciter l'envie de parler des langues différentes pour s'ouvrir à la diversité. Je ne partage pas le point de vue de Claude Hagège lorsqu'il limite cet apprentissage : « Un enfant, pense-t-il, doit avoir acquis sa langue maternelle avant d'apprendre une autre langue. » J'enseigne l'anglais depuis trente ans à des enfants de 3 ans, directement ou via nos centres de formation, et nous n'avons jamais remarqué de dysfonctionnement de cet ordre, bien au contraire. Je tiens à préciser que dans mon cas, comme dans celui de tous les natifs bilingues, pendant l'enfance, les deux langues n'en font qu'une. Les enfants nés « bilingues », identifions naturellement quand, et surtout avec qui, utiliser chacune des langues.

Chez le très jeune enfant, dès l'âge de 2 ans, la toute première étape est la familiarisation à l'anglais. Les muscles audio et vocaux étant les derniers du corps humain à se former, l'enfant continue de les former au son de l'anglais. Cette familiarisation avec la langue passe d'abord par des mots simples ou des phrases du type « *Would you like a sweet*?», associées au geste (tendre un bonbon) et liées à des situations courantes et attrayantes pour l'enfant. L'enfant comprend instantanément ce que cela signifie. Ainsi, jusqu'à l'âge de 6 ans, cette immersion progressive lui permet de transcoder ses besoins et envies d'expression et de compréhension en situations réelles. Une partie essentielle de l'apprentissage est déjà en marche. Dans une classe de maternelle, cet exercice peut être mis en pratique une demi-heure tous les matins. Grâce à Internet, l'enfant peut visualiser des dessins animés en anglais, regarder des chaînes anglaises, des programmes et séries en anglais, écouter des chansons. J'avais une animatrice australienne qui avait découpé des pommes de terre pour que les enfants de 3 ans s'en servent comme tampons destinés à imprimer des représentations similaires à celles de la langue des aborigènes australiens. C'était une manière indirecte de faire entrer les enfants dans la culture australienne tout en leur apprenant l'anglais, méthode qui marque l'imaginaire tout en étant très formatrice. L'erreur est de dissocier langue et culture. Une langue est une culture. Une langue se vit et se parle...

RESPECTER LES TROIS ÉTAPES D'APPRENTISSAGE – LE MIRACLE DE L'INTERNET

Il existe selon moi trois étapes dans la phase de familiarisation : de 2 à 3 ans, de 3 à 4 ans, de 5 à 6 ans. Au-delà, l'enfant passe à la phase d'apprentissage de l'anglais. La découverte et la pratique des sons et de quelques mots sont prioritaires dans cette première phase. Le vocabulaire est essentiellement tourné vers des termes d'usage familiers en lien avec l'environnement de l'enfant. C'est une étape importante de sa phase de découverte et souvent aussi les premiers pas vers une vie en communauté. Le champ lexical s'enrichit progressivement, notamment de mots fonctionnels (*function words*) : ce sont les mots servant à connecter des adjectifs, des verbes, des noms qui ensuite, créent des phrases. Ces mots n'ont pas une grande valeur lexicale mais servent à la fondation d'une forme d'éveil grammatical. Ce sont des mots comme : *the/a/an, from, as, if, all* et certaines prépositions... qui donnent un sens à la phrase, même si l'enfant ne comprend pas directement les adjectifs ou les noms (*content words*). Ainsi, il est primordial d'avoir un(e) animateur(rice) natif(ve).

Pour comprendre cette approche, il faut tout simplement opposer les *content words* et les « *function words* ». Les *function words* n'ont pas de sens quand ils sont isolés, mais donnent la sonorité à la langue anglaise, sa musicalité. Les *content words* (adjectifs, noms) seront appris plus tard par l'enfant. Pour un jeune adulte, si on enlève les *content words*, la phrase perd son sens, pas pour un bébé. Le bébé ou le très jeune enfant va reconnaître le sens d'une phrase par les mots fonctionnels qui déterminent le rythme et donc le sens de la phrase. Cette musicalité est propre aux langues du nord de l'Europe et tout particulièrement à l'anglais. L'approche est donc bien celle des sons de la langue anglaise et de sa musicalité sous forme d'accent et d'intonations sur certaines syllabes. L'éveil se fait avec les oreilles et les yeux. À ce stade, nos 2 à 3 ans ne s'expriment que par mots isolés. L'expression orale deviendra plus importante chez les 3 à 6 ans. Sans oublier qu'un enfant ne sait pas pourquoi il apprend une langue étrangère, il comprend qu'il doit communiquer. Ce sont des phrases courtes et toutes simples que l'enfant va comprendre ou prononcer. Il s'exprimera par mots isolés. Il va entendre *« Come on, put your coat on »*, mais dira *« coat »* sans construire de phrase ; il comprendra *« Take a pen and colour your drawing »,* mais dira *« pen »* pour demander un stylo. Charge au professeur de l'inciter à construire des phrases. Il y a une phrase que je n'ai jamais dû enseigner à un enfant c'est *« May I have a sweet please ? »* : pas de phrase, pas de bonbon !

Ce n'est pas parce qu'il connaîtra toutes les règles de grammaire et une liste de vocabulaire qu'un adulte pourra prétendre parler anglais. Pour bien faire, un adulte devrait apprendre l'anglais comme le ferait un bébé, en écoutant, en entendant la langue et en regardant des images. La plupart des gens apprennent par cœur les listes des verbes irréguliers dont ils n'utiliseront que 10 % maxi, le reste ne leur servira rigoureusement à rien au cours de leur vie. Dans nos centres et avec cette méthode pédagogique pragmatique, enseigner *since, for, ago* aux enfants prend environ une demi-heure, alors que cet apprentissage se fait en quatre ans en secondaire avec un résultat quasi nul. J'ai récemment reçu des adultes dans un de nos centres qui ont avoué n'avoir jamais rien compris de la différence entre *for, since et ago* ! Tout semble avoir été compliqué à loisir. Certains enfants ont, à juste titre, la sensation de ne jamais arriver au bout de la grammaire tant l'enseignement en est complexifié.

Pourquoi ne pas aborder l'anglais dès le primaire comme la musique, en privilégiant les sons, les trois temps de base et un vocabulaire « utile » ? Dans ces classes de primaire, rien n'empêche l'instituteur de constituer des sous-groupes d'une douzaine d'enfants. Il peut utiliser des tableaux blancs interactifs (TBI), des vidéos qu'il aura lui-même préparées pour que l'enfant continue à se familiariser avec les sons. Ensuite, il leur dira que la grammaire n'est pas un océan sans fin et que les règles basiques à apprendre ne sont pas la fin du monde et restent à sa portée. La conjugaison de base est simple, et l'élève peut le mesurer rapidement. Jusqu'au CM2, l'apprentissage reste facilement accessible tout en apportant à l'enfant la maîtrise d'une deuxième langue dès l'âge de 10 ans. Certains instituteurs appréhendent l'utilisation d'Internet à l'école à cause de l'existence de sites dangereux.

Je me rends très régulièrement dans des écoles primaires et maternelles depuis trois ans et ce que j'y vois est affligeant. Rares sont les écoles (et je ne parle pas de classes) équipées d'un TBI. L'état des lieux que nous faisons au chapitre 2, où j'affirme que le « désert numérique » et le retard de notre pays pour équiper ses écoles sont une des tares dont souffre l'enseignement des langues, ne cesse de m'effarer. Rares sont les écoles qui ont le Wi-Fi. Lorsqu'un Internet existe, c'est une connexion murale, souvent dans le bureau de la direction. Je me souviens du directeur d'une école privée de l'agglomération lilloise qui me disait ne pas avoir de TBI, mais qu'il avait acheté des tablettes pour chaque enfant. Bravo. Lorsque j'ai demandé comment ces tablettes étaient utilisées, pas de réponse. C'est un peu ce que j'appréhende quand j'entends le gouvernement annoncer, le 7 mai 2015, avoir prévu « *1 milliard d'euros sur trois ans pour faire rentrer l'école dans l'ère du numérique* ». L'objectif du cartable allégé serait atteint en 2016 ! Il n'empêche que les bourses aux livres de juin et septembre dans tous les établissements scolaires semblent se développer chaque année et que, bien au contraire, le cartable ne cesse de s'alourdir. Et nos interventions régulières dans les écoles primaires et maternelles depuis trois ans montrent que l'on est bien loin de l'objectif du « tout numérique »! À l'heure actuelle, rares sont les écoles qui bénéficient d'une connexion Internet sans fil. . Est-ce ce que l'on appelle un pays sous-développé... ?

En ce qui concerne la formation des professeurs au maniement du Web et des TBI, outre ce qui se trame avec talent dans les départements de linguistique d'universités spécialisées, sur le terrain, nous en sommes aussi à l'âge de pierre... Pourtant, l'expérience démontre à quel point l'utilisation des outils informatiques permet de décupler les résultats en matière d'apprentissage linguistique. Si toute la partie enseignement « pur et dur » se fait à l'école, la partie immergée de l'iceberg pour préparer un apprentissage efficace se fait hors de l'école et elle doit être entreprise AVANT les cours. En effet, une des thèses de notre méthode consiste à convaincre les parents de ne pas intervenir après un cours. Car ils n'ont ni le savoir de l'enseignant ni la pédagogie associée à notre méthodologie/didactique. Par contre, avant, en préparation, et grâce à Internet, cette anticipation est souhaitable.

En résumé, notre méthodologie, notre didactique est enracinée autour de concepts clés qui sont, dans l'ordre :

- compréhension orale et prosodie
- expression orale en groupe ou en individuel
- intégration progressive par des jeux dans la structure écrite
- enfin, expression écrite

L'apprentissage des temps et l'explication de leur construction peuvent être progressivement abordés. Car il est essentiel qu'un enfant apprenne à réfléchir à l'expression du passé ou du futur avant même d'écrire au passé ou au futur.

LES LIMITES DE L'ÉCOLE PUBLIQUE DANS L'ENSEIGNEMENT PRÉCOCE ; L'APPROCHE D'UN ENSEIGNEMENT PERSONNALISÉ

En France, l'anglais est considéré comme une matière et non comme un outil de communication. L'Éducation nationale estime donc qu'il doit être soumis à des notations. Dans une classe de trente élèves, le professeur n'a jamais le temps de faire parler chacun d'entre eux. En revanche, il corrige les copies en vérifiant la bonne traduction. Une méthode d'enseignement que je récuse : l'exercice de la traduction est laborieux et embrouille l'esprit de l'élève. Impossible d'être spontané à l'oral lorsqu'on doit traduire. S'ajoutent les règles grammaticales, dont certaines sont des « coquetteries » comme la connaissance du conditionnel, qui n'est pas indispensable pour parler anglais. Le problème est donc double : l'anglais n'est considéré que comme une matière froide et théorique et n'est abordé le plus souvent que par le biais de l'écrit.

Si les scandinaves nous paraissent meilleurs en anglais, c'est qu'ils ont une forme d'enseignement radicalement différente et que la langue est très présente dans leur quotidien. En effet, les émissions de TV, les films ou les interviews ne sont pas traduits mais sous-titrés. Selon moi, un Français est aussi doué en langue qu'un Scandinave. La différence est due à une question de méthode d'apprentissage, d'environnement sociétal : par exemple, les interviews, films et séries fréquemment doublés.

De manière générale, l'enseignement dans le système scolaire en France est basé sur un enseignement en groupe. Les professeurs des écoles (de la maternelle à la terminale) ne sont formés QU'À une approche « d'enseignement collectif ». Il est essentiel d'envisager des ateliers en cours particulier ou en très petits groupes. Mais dans notre pays, les enseignants n'ont ni cette habitude, ni cette culture, ni cette formation.

En termes de contenu, la question qui se pose aux professeurs est de savoir si on enseigne la règle grammaticale d'origine, par exemple « *It is a quarter to eleven* », ou ce qui est pratiqué : « *It is ten forty-five* », comme on le dit dans les aéroports ? Pour les adultes, je passe volontiers à un niveau d'anglais international compris par tous. Mais pour les enfants, j'applique la règle d'origine, celle que j'ai apprise enfant et qui m'est la plus naturelle. Par contre, je refuse d'enseigner des mots de vocabulaire dont les enfants ne se serviront jamais. J'ai animé un atelier extrascolaire un jour, où les enfants de CE2 avaient abordé le thème ou champ lexical des habits (un grand classique) avec leur professeur dans le cadre des programmes de l'Éducation nationale. Lorsque je montrais mes *flashcards* aux enfants, les mots en anglais étaient l'équivalent de « souliers, ceinturon, cape... »... un anglais « médiéval » ! Il vaut mieux enseigner chaussure que soulier, ceinture au lieu de ceinturon et cape n'a que peu d'intérêt. De la même facon, je n'enseignerai pas le mot « hen » parce que tout le monde dit « chicken ».

Dans l'enseignement en France, les élèves apprennent par cœur des textes comme le discours de Martin Luther King, « *I have a dream* ». À quoi cela va-t-il leur servir ? Qu'en conserveront-ils ? Autre exemple, je montre à des enfants le dessin d'une pomme et je leur dis « *this is an apple* ». Ce à quoi ils me rétorquent : « Non, Apple, c'est un ordinateur. » On peut en conclure que l'enfant seul est désormais entouré de mots isolés et que sur l'exemple d'Apple, il sait le prononcer, mais seul il ne va pas savoir précisément ce qu'il signifie. Seul un professeur pourra vérifier sa bonne utilisation et sa bonne compréhension, d'où l'intérêt de faire participer l'enfant à cette recherche et le corriger rapidement en groupe.

Aujourd'hui, on pratique un anglais policé au niveau de l'accent. Autrefois, la hantise était d'avoir un professeur texan ou écossais. À présent, la prononciation a tendance à s'universaliser. Les différents accents anglais, qu'il soit américain, anglais ou australien, ont tendance à se niveler. Ce qui n'empêche pas que remis dans leur contexte, ils sont toujours bien vivants. Sean Connery est capable du plus pur accent anglais dans certains films alors qu'il est un défenseur acharné de l'indépendance écossaise. Chez lui, il retrouve son kilt et son accent. Les accents sont parfois un frein à la communication. Les gens ont la crainte de ne pas être compris. On entend parfois « je ne *les* comprends pas car ils parlent trop vite ». Ce ne sont pas *eux* qui parlent trop vite, c'est la compréhension qui est trop lente ! De nos jours, les accents sont moins perceptibles et la grammaire s'est beaucoup simplifiée. Un Anglais dit « *Have you read* ? » alors qu'un Américain dit « *Did you read* ? ». Une question revient souvent : dit-on « *I shall, ou I will »* ? Dans les deux cas, on dit : *« I'll »*. Donc au fond, cela n'a guère d'importance. Ces caricatures illustrent le véritable enjeu sous-jacent !

Il y a quelques années, j'ai été sollicité par un chef d'entreprise qui voulait apprendre l'anglais. Il n'avait aucune base.

D'emblée, il m'a dit qu'il ne souhaitait acquérir que ce qui lui serait utile. Lors d'un cours, j'aborde la forme interrogative. *« Do you know ? »* Il m'a rétorqué que les règles de grammaire ne l'intéressaient pas puisque déjà, en français, il ne les appliquait pas. Plutôt que dire : « Viendras-tu le week-end prochain ? », il préférait « Tu viens le week-end prochain ? ». D'une certaine manière, il mettait le doigt sur une évidence, doit-on parfaitement appliquer les règles de grammaire apprises par cœur pour se faire comprendre ? À cette époque, je passais mon temps à expliquer des théories sans que les élèves ne les mettent en pratique. Ce chef d'entreprise avait un autre objectif, se faire comprendre de ses interlocuteurs. J'ai donc dû adapter mes cours.

Souvent, le tort des Français est de croire qu'il faut très bien connaître une langue avant de la parler. Pour moi, ce « purisme » est un boulet. À la base, le français est plus complexe que l'anglais. Mais au niveau supérieur, les deux langues ont la même complexité. Quand j'enseigne le conditionnel en anglais, je demande toujours à mes élèves s'ils connaissent le conditionnel en français. La plupart du temps, ils ne le connaissent pas. Il en existe trois formes :

- si je vois ta mère je lui transmettrai le message.
- si je gagnais au loto, j'achèterais une voiture.
- si je chauffe de la glace, elle fond.

En anglais la règle est la même :

- *If I see your mother, I'll tell her.*
- *If I won at the lottery, I would buy a car.*
- *If I heat ice, it melts.*

En français usuel, les gens utilisent une seule forme de conditionnel. En anglais, on utilise les trois. J'ai souvent rencontré des personnes qui avaient une parfaite connaissance de l'anglais écrit, mais n'étaient pas capables de le parler. Le Français a cette fâcheuse tendance à corriger systématiquement ceux qui parlent sa langue. Sans cette habitude, le français serait sans doute devenu une langue universelle. Souvent, les étrangers ne comprennent pas les corrections qu'on leur notifie.

« *Je déteste les Bilingues* » –

Norman

CHAPITRE 5

LA PÉDAGOGIE INVERSÉE À L'ÈRE DU NUMÉRIQUE

ET SI L'ÉLÈVE DEVENAIT ACTEUR DE SA FORMATION ?

Pionnier et toujours tourné vers l'innovation, j'observe, invente et transmets en permanence **une nouvelle façon d'enseigner basée sur l'échange** (ateliers créatifs et séances thématiques) en adaptant de nouveaux outils à ma pédagogie (web vidéos, *social training*, tableaux blancs interactifs, réseaux d'écoles). Développer l'envie de l'apprenant avant de lui donner les clés de son apprentissage : c'est l'envie de communiquer. Adopter la philosophie de la pédagogie inversée permet d'insuffler une vraie révolution des méthodes et des outils dans l'apprentissage des langues. La pédagogie comme les élèves ont tout à gagner à innover.

Plusieurs expériences prouvent l'efficacité d'une approche dite « inversée ». Expliquons-nous.

En animant des groupes d'enfants et en observant leur comportement, j'ai compris qu'ils retiennent plus facilement les détails, les anecdotes plutôt que les messages que le formateur souhaite faire passer. Fort de ce constat, j'ai voulu utiliser et inventer des moyens qui permettront à l'apprenant, quel que soit son âge, d'être touché sur un plan émotionnel, de libérer l'inconscient et donc de renforcer sa mémoire. On augmente aussi et surtout la mémorisation de l'enfant en le faisant bouger. Un organisme passif n'apprend pas à parler une langue. Le succès pédagogique de la chanson « Head, shoulders, knees & toes » est phénoménal. Les enfant chantent et bougent en même temps en utilisant un vocabulaire qui leur sera utile. Les études portées sur l'éducation par les neurosciences nous apportent beaucoup d'informations complémentaires sur ce sujet. Et enfin une bonne nuit de sommeil augmentera la mémorisation.

Rendre l'apprenant plus à l'aise pour le détacher du regard de l'autre et de la peur de « mal faire », impliquer les personnes par des démarches à la fois ludiques et physiques, permet de solliciter leur spontanéité et leur motivation. suscite l'envie de faire, et donne envie de s'exprimer.

Je me suis beaucoup servi d'une approche naturelle «comme à la maison» avec les enfants mais petit à petit, j'ai du structurer mes cours par des thèmes et des programmes sans jamais vouloir créer une méthode proprement dites.

C'est ainsi qu'en 1981 à donner des cours à un petit groupe d'enfants tous les samedis matin. La méthode proposée était simple, basée sur des diapositives, magnétophone à l'appui. Les cours étant donnés chez un particulier, les parents pouvaient à la fin me questionner sur le contenu de mon enseignement. Ceci leur permettait de suivre la progression de leur enfant. Je découvrais quelques années plus tard que ceci est une demande constante des parents.

En 1989, j'ai découvert la méthode du cours de langue par téléphone à destination des adultes, conçu par Jean-Michel Dubedout, le fondateur de Telelangue. Basé à Paris, j'ai travaillé pour Telelangue, en tant que formateur, avant d'ouvrir une franchise à Lille. J'ai trouvé cette méthode et compris ce qu'elle revêtait d'« idéal » pour les Français, frileux de s'exprimer à l'oral. Le téléphone ne permet pas les blancs et le cours est, par définition, structuré. Les stagiaires recevaient par La Poste un livre adapté à leur niveau, ou je pouvais leur envoyer des supports de cours par Minitel (ce qui amusait beaucoup mes amis Américains). À titre d'exemple, en 1989, j'ai formé par téléphone une jeune fille en troisième trimestre de 5e qui, selon ses parents, « ne décollait pas en anglais ». En trois mois, je lui ai fait non seulement rattraper son retard, mais atteindre le niveau de 3e. La régularité des cours, la durée limitée à 20 minutes, le contact direct avec un professeur, une certaine complicité et surtout, une désinhibition grâce au fait de ne pas voir son interlocuteur, étaient des ingrédients très favorables à une progression rapide.

En 1992, j'ai créé les Petits Bilingues (pour mes enfants !), fort de plusieurs années d'expérience dans l'enseignement des langues et notamment de l'anglais en entreprises, de nombreux cours par téléphone, en cours particuliers et en mini-groupes. Je trouvais toujours dommage que tous mes stagiaires adultes n'aient pas appris, enfant. Cela eût été plus simple et moins onéreux.

Le début des années 1990 marquait une nouvelle ère pour l'Éducation nationale. Lionel Jospin avait fait tester des méthodes dans des écoles primaires pendant trois ans et l'esquisse d'une réforme pointait à l'horizon. En 1994, lorsque François Bayrou, en tant que ministre de l'Éducation, a annoncé l'obligation progressive d'enseigner les langues étrangères en école primaire, l'espoir est né de voir qu'une génération montante allait enfin pouvoir occuper son temps d'adulte à faire autre chose qu'étudier les langues.

C'est l'inverse qui se produisit. Mon centre de formation à Lille s'est mis à déborder de demandes. Il m'a fallu le restructurer. J'en ai ouvert un autre à Valenciennes, puis à Lens en 2000. L'expérience lensoise a été très riche d'informations. Mes clients étaient non seulement contents de pouvoir faire apprendre une langue à leurs enfants, mais aussi, et tout simplement, de leur offrir une activité intellectuelle. Nous étions aux tout débuts de l'Internet et de l'arrivée massive de l'*e-learning* dans mon métier. Je n'y ai jamais touché. En tout cas, je n'ai jamais su être convaincu et quinze ans plus tard, le marché et ses utilisateurs me donnent raison.

En 2004, après avoir réfléchi longuement, je me décidai à monter un centre Les Petits Bilingues à Paris. Muni d'un plan du 15e arrondissement, j'ai ouvert un centre à l'image de celui de Lille en 1992. Le succès a été instantané. Néanmoins, faisant la navette entre Lille et Paris, je ne pouvais pas passer suffisamment de temps à expliquer aux parents les contenus de mes cours. De plus, à Paris, les parents sous-traitent beaucoup l'accompagnement de leurs enfants. Difficile donc, de trouver une façon de communiquer directement avec eux. Et par ailleurs, j'ai retrouvé le plaisir de partager ma langue et ma culture maternelle avec des enfants.

L'une de mes difficultés apparaissait au moment où les parents, après le cours, me posaient deux questions : « Qu'est-ce qu'ils ont fait en cours ? » et « Que devaient-ils faire pour la prochaine fois ? ». À ces questions, je n'avais aucune réponse. Chaque groupe est différent, bien que le thème soit un fil conducteur ; chaque animateur de langue maternelle a sa propre culture, sa propre identification des thèmes. Pour ma part, j'ai connu toute mon enfance les Noëls douillets à tirer des *crackers,* regarder les comédies de la BBC à la télé, me régaler avec des séries américaines et anglaises totalement absurdes, *The Monty Python Flying Circus, Morecombe and Wise* et *The Goodies.* Lors de mes animations, j'ai toujours mes références en tête, pour partager le vécu. Donc que répondre à une mère lorsque nous avons tant chatouillé l'absurde et rigolé en anglais alors qu'elle espère une réponse du style : « Nous avons étudié les verbes irréguliers ». Quant à la prochaine fois... je ne pouvais leur répondre « Surtout ne pas leur parler anglais ». Je me disais souvent « mais pourquoi posent-ils ces questions après le cours et pas avant » ? Parce que les Français ne sont pas faits comme les Anglais. Prenez l'exemple du jeu. Un petit Français joue pour gagner, un petit Anglais joue pour jouer. Cette différence est fondamentale, surtout dans mon métier.

En huit ans, j'ai installé et accompagné l'ouverture de 50 centres à travers la France, allant jusqu'à l'île de La Réunion. Cette course de fond a pu, entre autres, m'apporter une très grande connaissance des comportements des familles et des enfants. Imaginez qu'un jour, j'ai dispensé un cours à Lens le mardi à 17 heures, puis le mercredi matin à Paris, puis le vendredi soir à Saint-Denis de La Réunion, sur le même thème avec le même groupe d'âge !

En 2010, je me suis penché sur les moyens nécessaires et utiles qui pourraient me permettre d'augmenter le temps passé à découvrir et à travailler l'anglais, à la fois pendant mes cours et en dehors. Je me suis souvent tourné vers Internet sans y trouver la solution. En 2011, j'ai eu la chance de participer à un salon de l'innovation à Londres, où j'ai rejoint un séminaire animé par Aaron Sams et Jonathan Bergmann, les cofondateurs d'une approche qui s'appelle la « classe inversée ». Cette approche m'est apparue comme pleine de bon sens et particulièrement adaptée à l'apprentissage des langues, bien qu'eux-mêmes soient professeurs de physique et de mathématiques. De plus, ceci pouvait répondre à cet équilibre séances d'anglais en centre et *warm up* à la maison. J'étais enthousiasmé par cette découverte. Le résultat de mes recherches m'ouvrait de nouvelles perspectives désormais hors du champ d'action des Petits Bilingues dont je laissais alors la conduite à mes collaborateurs pour me lancer vers de nouveaux défis. C'est ce mouvement permanent de remise en cause, d'expérimentation et d'innovation qui m'engagea alors à créer une nouvelle marque : Linguish, basée sur mon expérience de 20 ans et sur mes récentes découvertes. Nous avons ainsi profondément fait évoluer notre pédagogie afin de passer à l'étape suivante. Depuis 2013, dans nos centres du Nord de la France, puis dans de nombreuses écoles primaires où nous intervenons, je teste avec succès et fais partager au plus grand nombre les miracles de ma nouvelle pédagogie.

UNE RÉVOLUTION : LA PÉDAGOGIE INVERSÉE DES LANGUES

La pédagogie inversée, nommée aussi classe inversée (*flipped classroom*), signe la fin du cours magistral. Elle chamboule les rôles traditionnels à l'école. Là où, habituellement, la leçon est vue et travaillée en classe avec des exercices, puis révisée et retravaillée à la maison via les devoirs, cette pédagogie inversée laisse l'élève préparer le cours chez lui à l'aide de vidéos, de *podcasts*, de lectures conseillées et préparées par son professeur. L'élève arrive en classe les jours suivants la tête remplie de questions et d'interrogations. La séance se transforme alors en un énorme remue-méninges de ce qui a été construit ou pour le moins étudié. Les élèves travaillent en groupe. L'enseignant guide les enfants, les accompagne de manière plus individualisée. C'est un profond bouleversement des pratiques enseignantes. « Dans la pédagogie inversée, le rôle de l'enseignant devient central, explique Alice Yeager, enseignante en développement de l'enfant. Il n'est plus uniquement le passeur de savoir, il doit être un guide accompagnateur. » Cette méthode d'enseignement permet à l'enfant d'étudier chez lui les notions qu'il approfondira à l'école : il va découvrir des sons, il va entendre, visualiser des choses qu'il va ensuite retrouver et approfondir à l'école, ce qui permet d'optimiser le temps passé en classe. Il s'échauffe et se prépare comme un boxeur avant le combat. Plus rien en commun avec les devoirs à faire après la classe. Adeline Collin, conseillère pédagogique, est l'une des premières personnes en France à s'être intéressée à la pédagogie inversée. Dans un article publié dans le *Nouvel Observateur* le 17 janvier 2013, elle explique que « Les vidéos sont regardées en classe par petits groupes de 6-7, les enfants partagent ce qu'ils ont vu ou compris [...] ils collaborent pour comprendre ensemble. C'est le royaume de la parole ». Elle explique aussi que les élèves dessinent « un schéma mental » des différentes notions de la leçon.

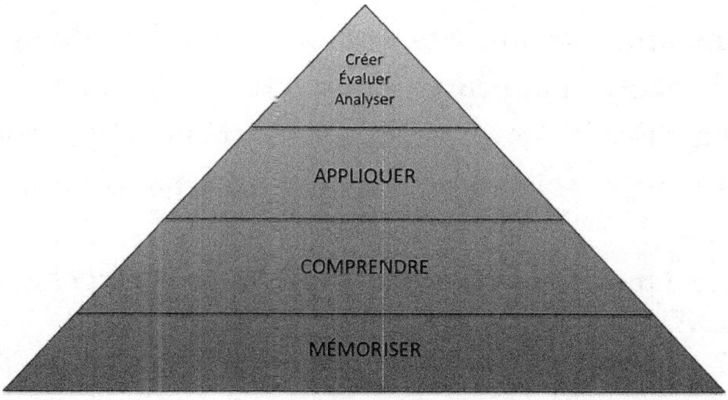

Taxonomie de Bloom

Taxonomie de Bloom renversée

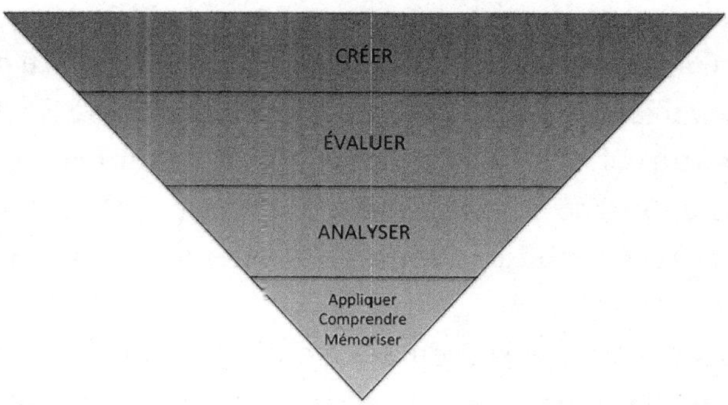

Les premières expériences de pédagogie inversée sont nées à Harvard, dans les années 1990, avec Eric Mazur, professeur de physique. Celui qui a réellement développé le concept est Salman Khan, un mathématicien américain. En 2004, il publie des vidéos sur YouTube pour aider des enfants de sa famille en mathématiques. Il réalise que des centaines de personnes consultent ses vidéos. Rançon du succès en 2010, la Fondation Bill Gates et Google lui offrent 3,5 millions de dollars pour fonder la Kahn Academy, un espace Web d'apprentissage gratuit mais onéreux à mettre en place.

Au milieu des années 2000, nous avons vu apparaître des MOOC, *Massive Open Online Courses*, qui sont des cours diffusés sur Internet. Ces cours sont ouverts (*open*) à tous et sont gratuits (pour l'instant). Des milliers, voire des centaines de milliers (*Massive*) d'apprenants peuvent suivre ces cours simultanément. Le contenu délivré sur ces plateformes appartient soit à leur professeur, soit à l'école, soit aux deux et n'est donc pas libre de droit.

Le nombre d'inscrits par cours peut varier de quelques milliers à plus de 100 000 participants.

PLACE À L'INTERACTION !

La pédagogie inversée est beaucoup plus personnalisée et bien plus accessible pour les plus jeunes. Pour l'instant, les MOOC sont destinés à un public de niveau universitaire. Néanmoins, grandir avec une approche de complément numérique permettrait de s'habituer à utiliser intelligemment Internet dès le plus jeune âge.

La pédagogie inversée est aussi un outil très performant pour les enfants bilingues. Leur problème est qu'ils sont tellement bons à l'oral qu'ils sont défaillants à l'écrit. La pédagogie inversée peut, à ce moment-là, leur permettre de développer les notions d'écrit dont ils auront besoin. Avec cette méthode, on peut avoir une classe de trente élèves où chaque enfant a la possibilité de s'exprimer à l'oral et d'être suivi par un professeur qui le corrigera plutôt que de lui enseigner des théories, théories qu'avec cette méthode l'enfant aura pu découvrir de lui-même.

Pour motiver l'enfant à travailler seul chez lui, il est important qu'il soit dans un univers familier et qu'il retrouve son professeur sur le cours mis en ligne (par vidéo). Ensuite, que l'enfant y prenne du plaisir, donc que cela soit amusant. L'enfant qui n'aura pas préparé son travail se pénalise lui-même. De toute façon, on sait depuis toujours qu'apprendre une langue nécessite un travail individuel. Plutôt que de donner un travail d'exercices forcés à faire à la maison, autant le faire travailler autrement et d'une manière plus ludique où il apprendra bien mieux. J'applique cette méthode depuis 2011 et cela fonctionne très bien. Ce système avait été mis en place pour les adolescents qui s'ennuyaient en cours. Je l'ai adapté aux plus petits.

Depuis toujours, en France, pour réussir en langue, il faut travailler en parallèle de l'école. En cela, cette méthode ne change pas les habitudes ni l'organisation de son emploi du temps. L'enfant travaille toujours depuis chez lui, si ce n'est qu'il le fait en lien avec une vidéo et reste en relation avec son professeur. Cette méthode a l'avantage de mettre tous les professeurs au même niveau. Un professeur à court d'idées peut aller sur Internet et trouver énormément de liens pour alimenter ses cours. Une manière d'être bien plus créatif et bien plus attractif pour les enfants. Je pratique ceci depuis 2011. Avec un formidable succès.

Les professeurs qui travaillent dans nos centres apprécient cette conception éducative et mesurent les bénéfices de la pédagogie inversée. Ils s'amusent et amusent les enfants tout en suivant scrupuleusement les programmes de l'Éducation nationale. Si nous n'étions pas soumis à une TVA à 20 %, leur salaire pourrait être augmenté afin qu'ils soient parfaitement heureux dans leur métier d'enseignant. Ils disposent par ailleurs de moyens... sans limites pour nourrir leur manière d'enseigner. Cela stimule autant élèves que professeurs. Les résultats s'en ressentent. Ils sont largement supérieurs aux moyens que l'on met en place. D'ailleurs, notons au passage qu'aux époques où les enseignants disposaient de beaucoup moins de moyens, les professeurs étaient plus créatifs.

Il suffit de regarder les fiches créées par Mallarmé, constitués de collages faits à l'aide de morceaux de carton, pour s'en convaincre !

En 1878 fut créée la méthode Berlitz, puis, en 1929, la méthode Assimil avec des 45 tours. Plus tard, les méthodes Larousse, avec des cassettes audio, ont été mises sur le marché des langues. Tous ces programmes d'apprentissage se sont progressivement enrichis de laboratoires de langues, de cassettes vidéo et enfin, d'*e-learning*. Ces méthodes ont en commun d'enseigner le même fond, et dans l'inconscient collectif, elles ont contribué à faire croire qu'il fallait absolument connaître le chapitre 3 avant de passer au chapitre 4. Enfin, ces quinze dernières années s'est développé l'*e-learning*. Depuis cent cinquante ans, l'inconscient collectif pense à tort qu'il est nécessaire de savoir écrire et traduire avant de pouvoir parler, ce qui est faux et ce que j'espère avoir démontré tout au long de ce livre. Toutes ces méthodes, globalement, ne sont pas dans l'échange ou le tutoriel à long terme, donc les apprenants décrochent souvent au bout de quelques mois. L'approche de la pédagogie dite inversée permet d'être guidé, de percevoir soi-même la manière la plus adaptée d'apprendre et surtout, de rester en lien avec l'humain.

CONCLUSION

Commencer mon livre par un chapitre sur l'histoire de la langue anglaise n'avait rien d'innocent. Il me semblait même indispensable pour convaincre le lecteur que la langue anglaise a été et reste une langue avant tout orale. Il est primordial de balayer les idées reçues et faux préjugés qui en freinent l'apprentissage. Tout comme il est inexact de penser systématiquement que « l'anglais est la langue de Shakespeare ». L'anglais aujourd'hui n'a plus rien à voir, ou presque, avec la langue de Shakespeare. Il a été depuis des décennies très influencé par les populations qui ont migré vers les États-Unis. Elles en ont fait une langue éloignée des critères purement littéraires qui furent et sont encore enseignés à des générations de Français.

Prendre en référence l'éternel modèle des populations scandinaves censées être plus à l'aise dans la pratique des langues est, là aussi, un contresens. Les scandinaves sont actuellement meilleurs pour cet apprentissage, certes, non pas en raison d'une supposée prédisposition naturelle, mais grâce à un enseignement plus adapté, plus moderne, et sans doute plus à même de répondre aux exigences du monde du travail et du contexte d'utilisation !

Par ailleurs, rappelons que 30 % du vocabulaire anglais vient du français, ce qui signifie que les Français devraient être avantagés dans la maîtrise de cette langue étrangère aujourd'hui indispensable. Cet argument n'est jamais mis en avant. L'anglais et le français se sont entremêlés pendant plus de trois cents ans ! Historiquement, ce sont deux langues très proches et pourtant, on ne cesse de les opposer. Si elles diffèrent au niveau de la sonorité et de la prononciation comme au niveau de la grammaire, n'oublions pas qu'elles se sont développées ensemble. Presque tout le vocabulaire en droit anglais est issu du français. Et pourtant, peu d'avocats français parlent correctement anglais...

Autre caractéristique de notre esprit cartésien, l'enseignement en France reste trop souvent théorique. On le remarque particulièrement dans les cours d'art ou de musique. Dans les pays anglo-saxons, au contraire, l'approche initiale est ancrée dans la pratique. Selon moi, et pour l'avoir expérimenté à titre personnel et professionnel, tout doit se jouer avant l'âge de 12 ans. C'est pourquoi l'école primaire devrait avoir un rôle primordial dans l'apprentissage de l'anglais, notamment grâce à l'intégration du numérique, à la créativité des professeurs des écoles et celle des élèves. Pour que l'enfant mémorise, il faut qu'il fasse l'effort par lui-même de découvrir, de créer. C'est ce qui se passe dans le domaine des langues. S'il essaie par lui-même de s'exprimer, il vivra mieux la langue et progressera davantage.

En théorie, les enfants apprennent l'anglais à partir du CP, mais en pratique, cela ne se fait pas systématiquement car les professeurs n'y sont pas formés, ou n'ont pas les moyens de le faire. Un autre écueil est l'absence de continuité entre le primaire et le secondaire : rien n'est prévu pour harmoniser l'enseignement à l'intention d'élèves qui arrivent en 6e avec une connaissance de l'anglais aux côtés de ceux qui débutent. Ce stupéfiant dysfonctionnement risque d'annihiler tout le profit de l'enseignement précoce de la langue.

En appliquant une approche de la pédagogie inversée telle que je la pratique, chaque enseignant, non seulement met en œuvre sa propre approche pédagogique, mais peut échanger bien plus facilement avec les élèves. Les réformes actuelles ne sont que des pansements sur un système qui devrait subir une transformation en profondeur, pour enfin donner les moyens aux élèves d'apprendre l'anglais pour le parler.

REMERCIEMENTS

Ce livre est le résultat d'une grande aventure humaine ;

Je tiens à remercier toutes les personnes qui ont directement contribué à la réalisation de cet ouvrage, par ordre alphabétique ;

Thomas André, Guy Blanquart, Guylène Blanquart, François Boucq, Rebecca Denantes, Sylvie Gravet, Claudine Le Tourneur d'Ison, Isabelle Martin-Bouisset ainsi que la Bibliothèque Jacques Doucet et les Éditions Leduc.

Je remercie celles et ceux qui ont généré mon inspiration : Aaron Sams, Jon Bergmann, Ted Simon, Christophe Pecnard, Piero Caracciolo et Stephen Holtz.

Comme tout autodidacte, j'ai tracé seul ma route mais je tiens tout particulièrement à remercier ceux qui ont toujours été à mes côtés :

Nathalie Allaerd, Peter Badger, Jean-Louis Barrois, Catherine Blanquart, Alvaro Camp, Dominique Chevalier, Xavier Desmet, Jean-Michel Dubedout, Hubert Fontorbe, Thiébault Kieffer, Bernard Le Moigne, Guillaume Leclair, Brahim et Magadalina Maazi, Philippe Mady, Sarah Meyer, Bernard Minne, Sylvie Poirier, Philippe et Laurence Vanderkelen, Ulysse Verdier, Laurent Verschueren.

Mes collaborateurs d'Excelangues et de Linguish, mes anciens franchisés, un clin d'œil aux enfants et aux parents de la rue de Jemmappes, de la rue du Nouveau Siècle à Lille et de la

Croix-Nivert à Paris, complices de la première heure, tous mes clients adultes et enfants du nord de la France, toutes les écoles primaires et maternelles, mes lecteurs, à tous, merci de votre confiance et de votre fidélité.

Je remercie aussi Lionel Jospin, pour ses mots d'encouragement ;

Mes enfants adorés (et bilingues), Tiffany, Théo, Oscar et Lily, Ariel mon gendre ;

Et tout ceci n'aurait pas été possible sans Estelle, mon épouse.

En souvenir de Thierry Allaerd, Iris Damarey, Agnès et André Devred, Florence et William Smith, Nathalie Volpe.

BIBLIOGRAPHIE

Abdelilah-Bauer, B. (2006). *Le Défi des enfants bilingues.* Paris : La Découverte.

Aberkane, I. and Tisseron, S. (2016). *Libérez votre cerveau !* Paris : Robert Laffont.

Alvarez, C. et Meyer, C. (2016). *Les Lois naturelles de l'enfant.* Paris : Les Arènes.

Baudelot, C. et Establet, R. (2009). *L'Élitisme républicain.* Paris : Seuil.

Bergmann, J. and Sams, A. (2012). *Flip Your Classroom.* Eugene : International Society for Technology in Education.

Bryson, B. (1991). *The Mother Tongue.* New York : Avon Books.

Cunningham, U. (2011). *Growing up with two languages.* Abingdon, Oxon : Routledge.

Davidenkoff, E. (2014). *Le Tsunami numérique.* Paris : Stock.

Davidenkoff, E. et Polacco, M. (2006). *Réveille-toi,* Jules Ferry, ils sont devenus fous ! Paris : OH ! éditions.

Duru-Bellat, M. (2006). *L'Inflation scolaire.* Paris : Seuil.

Gonçalves, C. et Groux, D. (2009). *Approches comparées de l'enseignement des langues et de la formation des enseignants.* Paris : L'Harmattan.

Gumbel, P. (2010). *On achève bien les écoliers*. Paris : Grasset.

Hagège, C. (1996). *L'Enfant aux deux langues*. Paris : Odile Jacob.

Harding-Esch, E. et Riley, P. (2003). *The Bilingual Family*. Cambridge : Cambridge University Press.

Marchal, B. et Pouly, M. (2014). *Mallarmé et l'anglais récréatif.* Paris : Cohen & Cohen.

Nelsen, J., Sabaté, B., Burrus, A. et Delacroix, S. (2014). *La Discipline positive*. Paris : Marabout.

Porcher, L. et Groux, D. (2003). *L'Apprentissage précoce des langues*. Paris : Presses universitaires de France.

Roessler, A. (2006). *Bilingue à dix ans !* Lausanne : L'Age d'homme.

Scola, F. (2015). *Comprendre et accompagner l'enfance bilingue*. Aix-en-Provence : Bookelis.

Walter, H. (2001). *Honni soit qui mal y pense : L'incroyable histoire d'amour entre le français et L'anglais*. Paris : Livre de poche.

Wilson, D. (1971). *The Anglo-Saxons*. Harmondsworth : Penguin.

TABLE DES MATIÈRES

Achevé d'imprimer en janvier 2017
sur les presses de la Nouvelle Imprimerie Laballery
58500 Clamecy
Dépôt légal : janvier 2017
Numéro d'impression : 611383

Imprimé en France

La Nouvelle Imprimerie Laballery est titulaire de la marque Imprim'Vert®